संपूर्ण महाग्रंथ

॥ यथार्थ संहितार्थ ॥

जीवन दर्शन: अंतर्मन से अनंत तक की संपूर्ण यात्र

ॐ

(साधक की शब्द-साधना)

॥ रचयिता ॥

संजय मौर्य

॥ सह-रचयिता ॥

रोली मौर्य

॥ प्राक्कथन ॥

"मेरे प्रिय राही, हृदय से स्वागत है..."

इस ग्रंथ की पावन यात्रा में कदम रखने से पूर्व, मैं आपके साथ एक अत्यंत आत्मीय सत्य साझा करना चाहता हूँ। यहाँ जो शब्द इस पुस्तक में सजे हैं, वे केवल उस 'अनुभव' की छाया मात्र हैं, जो मेरे भीतर एक दिव्य जागृति बनकर उतरा था। संसार सूचनाओं और उपदेशों से भरा पड़ा है, किंतु 'यथार्थ' तो वह है जो शब्दों के जन्म लेने से ठीक पहले के शांत और पवित्र क्षणों में महसूस होता है।

वह 'अदृश्य' साक्षात्कार:

जब मैं कुछ सोच रहा होता हूँ और जब मैं उसे लेखनी के माध्यम से कागज़ पर उतारता हूँ—उस 'सोचने' और 'लिखने' के बीच का जो अदृश्य अंतराल है, वही सत्य का वास्तविक घर है। वह पल इतना पावन, इतना स्पष्ट और इतना दिव्य है कि उसे शब्दों की मर्यादा में पूरी तरह बाँध पाना संभव नहीं है। वह एक ऐसी 'अंतर्ध्वनि' है जिसे केवल आत्मा से ही सुना जा सकता है।

एक रचयिता के रूप में, मैं आपको अपने शब्द और विचार तो भेंट कर सकता हूँ, किंतु वह दिव्य अनुभूति

साझा नहीं कर सकता जो इन शब्दों के आकार लेने से पहले मेरे रोम-रोम में एक प्रकाश की तरह फैली थी। सत्य शब्दों से पहले ही हृदय में प्रकट हो जाता है, और जो यहाँ अंकित है, वह तो उस विराट बोध का एक छोटा सा अमृत-अंश है।

एक आत्मीय निमंत्रण:

मेरा आपसे केवल इतना सा आग्रह है कि इन पंक्तियों को केवल पढ़िएगा मत, बल्कि इन्हें अपने भीतर 'सहेजियेगा'। रचयिता केवल एक इशारा कर सकता है, पर उस मार्ग का वास्तविक आनंद तो आपको स्वयं अपनी गहराई में उतरकर ही प्राप्त होगा। शब्दों को रटना केवल 'ज्ञान' है, पर उन शब्दों के पीछे छिपे उस अदृश्य सन्नाटे को जीना ही वास्तविक 'परमात्मा' से मिलना है।

यदि आप उस 'अंतराल' को स्पर्श कर पाए जहाँ से ये शब्द फूट रहे हैं, तो आप स्वयं के भीतर एक अनूठे प्रकाश का अनुभव करेंगे। क्योंकि जो अनुभूतियाँ शब्दों के जन्म से पहले घटित होती हैं, वही हम सबका साझा और परम 'यथार्थ संहितार्थ' हैं।

॥ मंगलाचरण ॥

॥ श्री गणेशाय नमः ॥

॥ जय श्री बाबा भयहरणनाथ धाम ॥

॥ श्री गुरुभ्यो नमः ॥

॥ पितृ-मातृ चरणकमलेभ्यो नमः ॥

॥ महा-मंत्र ॥

॥ ॐ स्वयं-संहितायै नमः ॥

॥ ॐ आज-कुरुक्षेत्राय नमः ॥

॥ ॐ यथार्थ-संहितायै नमः ॥

॥ ॐ यथार्थ-संहितार्थाय नमः ॥

॥ मंत्र का यथार्थ भावार्थ ॥

- ***ॐ स्वयं-संहितायै नमः:*** *मैं उस 'आत्म-अनुशासन' और 'चरित्र-निर्माण' के प्रथम सोपान को नमन करता हूँ, जो स्वयं पर विजय पाने की शक्ति देता है।*

•

- ***ॐ आज-कुरुक्षेत्राय नमः:*** *मैं वर्तमान जीवन के संघर्षों, चुनौतियों और धर्मयुद्ध के उस द्वितीय सोपान को नमन करता हूँ, जो मुझे निर्भय होकर लड़ने का रण-कौशल देता है।*

•

- ***ॐ यथार्थ-संहितायै नमः:*** *मैं माया के पर्दों को हटाकर 'सत्य का साक्षात्कार' कराने वाले उस तृतीय सोपान को नमन करता हूँ, जो चित्त को जाग्रत करता है।*

•

- ***ॐ यथार्थ-संहितार्थाय नमः:*** *मैं इन तीनों धाराओं के 'परम निचोड़' और 'महासंगम' रूपी मुख्य शीर्षक को नमन करता हूँ, जहाँ पहुँचकर जीवन का वास्तविक अर्थ (संहितार्थ) सिद्ध होता है।*

॥ प्रार्थना ॥

हे आदि-शक्ति! हे अंतर्यामी!

*मुझे **स्वयं** पर विजय का अनुशासन दें,*

***आज के कुरुक्षेत्र** में अडिग रहने का साहस दें,*

***यथार्थ** के साक्षात्कार की दिव्य दृष्टि दें,*

*और अपनी चेतना के **परम अर्थ (संहितार्थ)** में लीन होने की परम गति प्रदान करें।*

मेरी लेखनी को वह मर्यादा, ओज और पवित्रता दें, कि यह शब्द युगों-युगों तक भटकते हुए पथिकों के लिए 'प्रकाश-स्तंभ' बन जाएँ।

॥ ॐ शांतिः शांतिः शांतिः ॥

॥ ॐ तत् सत् ॥

॥ प्रस्तावना ॥

आत्म-बोध से अनंत की यात्रा:

एक शब्द-अर्पण

"मैं कोई हिमालय की कंदराओं में बैठा ऋषि नहीं हूँ, और न ही मैंने संसार को त्याग कर किसी गुफा में शरण ली है। मैं कलयुग के इसी कोलाहल, इसी भीड़, इसी शोर और इसी संघर्ष के बीच खड़ा एक सामान्य पथिक हूँ—जहाँ आप खड़े हैं।

*यह '**॥ यथार्थ संहितार्थ ॥**' कोई व्यक्तिगत विचार नहीं, बल्कि जीवन की भट्टी में तपा हुआ वह अनुभव है जो अब मानवता की थाती है। यह लेखनी एक 'अर्पण' है, एक 'दान' है—उन जिज्ञासुओं के लिए जो भ्रम के कुहासे से निकलकर सत्य के आलोक में खड़े होने का साहस रखते हैं। इस शब्द-साधना को तीन धाराओं के संगम के रूप में आपकी चेतना को सौंपा जा रहा है:*

१. स्वयं संहिता: 'स्व' का अनुशासन (आधार)

*यह यात्रा आपके अपने ही अंतर्मन से आरम्भ होती है। '**स्वयं संहिता**' वह पावन दर्पण है जो आपके चरित्र*

को गढ़ता है और आपको आत्म-विजय की शक्ति प्रदान करता है। बिना स्वयं के आंगन को स्वच्छ किए, सत्य का प्रकाश वहाँ ठहर नहीं सकता। यह खंड एक साधारण पाषाण को तराशकर मूरत बनाने की प्राथमिक साधना है।

२. आज का कुरुक्षेत्र: व्यवहार का यथार्थ (मार्ग)

जब मनुष्य स्वयं को पहचान लेता है, तब वह संसार के व्यवहार-जगत में प्रवेश करता है। **'आज का कुरुक्षेत्र'** वह रण-कौशल है जो आपको कलयुग के छल और चक्रव्यूह के बीच मर्यादापूर्ण जीवन जीने की पद्धति सिखाता है। यह वह व्यावहारिक बोध है जो बताता है कि संस्कारों की रक्षा करते हुए इस संसार के द्वंद्वों को सहजता से कैसे पार किया जाता है।

३. यथार्थ संहिता: सत्य का साक्षात्कार (पूर्णता)

भीतर के अनुशासन और बाहर के संघर्ष के बाद, आत्मा जिस परम विश्राम की खोज करती है, वही **'यथार्थ संहिता'** है। यहाँ माया के मुखौटे गिर जाते हैं और सारे प्रश्न शांत हो जाते हैं। यह वह अंतिम पड़ाव है जहाँ 'स्वयं' और 'आज' का संगम होकर 'परम अर्थ' प्राप्त होता है। यह भ्रम से पूर्ण मुक्ति और उस महाशून्य का अनुभव है, जहाँ आत्मा परमात्मा में विलीन हो जाती है।

यह लेखनी मेरे और मेरे अंतर्यामी के बीच का एक ***'पावन संवाद'*** *है, जिसे अब सार्वजनिक कल्याण हेतु विसर्जित किया जा रहा है। यहाँ न कोई याचना है, न कोई दावा; यहाँ तो केवल सत्य की वह पुकार है जो समय के अंतराल में गूँज रही है।*

यदि इन शब्दों में आपको अपनी ही आत्मा की गूँज सुनाई दे, तो समझ लीजियेगा कि यह 'यथार्थ' का वह मार्ग है जो आपको 'अंधकार से प्रकाश' की ओर ले जाने के लिए तत्पर है। स्वागत है इस पावन यात्रा में, जहाँ ***यथार्थ संहितार्थ*** *का बोध आपकी चेतना को आलोकित करेगा।"*

(हस्ताक्षर)

— संजय मौर्य

॥ ग्रंथ-प्रवेश ॥

दर्पण के तीन नियम

"हे जिज्ञासु!

यहाँ से आगे बढ़ने से पूर्व क्षण भर के लिए ठहर जाइए। यह केवल स्याही और कागज़ का संकलन नहीं है, यह एक 'दर्पण' है। **इसमें किसी के व्यक्तिगत विचार नहीं हैं, 'किंतु' इसमें आपका अपना ही यथार्थ चेहरा दिखाई देगा।** इस दर्पण को स्पष्ट रूप से देखने के लिए इन तीन मर्यादाओं का पालन अनिवार्य है:

१. कथा नहीं, 'व्यथा' का बोध (अनुभव):

इसे किसी मनोरंजन की **'कथा'** की तरह न पढ़ें। कथा वह होती है जो केवल दूसरों के बारे में 'कही' जाती है, **परंतु** यह ग्रंथ एक जीवंत **'व्यथा'** है—वह पीड़ा और वह सत्य जो जीवन की भट्टी में जलकर 'बीता' है। शब्दों के पीछे छिपे उस अनुभव को महसूस करें, जो केवल सुनाया नहीं गया, **किंतु** जिया गया है।

२. पात्र खाली रखें (मूर्छा का त्याग):

जैसे भरे हुए घड़े में और पानी नहीं समा सकता, वैसे ही यदि आप अपने पुराने पूर्वाग्रहों और उधार के ज्ञान

से भरे हैं, तो यह सत्य आपके भीतर नहीं उतर पाएगा। अपनी पुरानी मान्यताओं को द्वार पर ही छोड़ दें और एक कोरे कागज़ की तरह प्रवेश करें।

३. स्वीकार भाव (मथने का साहस):

*यहाँ लिखे हुए सूत्र आपके विचारों को झकझोरेंगे और आपके मन को मथेंगे। उस हलचल और विचलन से घबराएं नहीं, उसे धैर्य से स्वीकार करें। स्मरण रहे, जिस **'क्षीर-सागर'** ने मंदराचल की मथनी की मार को धैर्य से सहा है, अंततः वहीं से **'अमृत'** निकला है। यदि आप अपने भीतर के यथार्थ को मथने का साहस रखते हैं, तो ही आगे बढ़ें।*

अब, यदि आप—

- ***'स्वयं संहिता'** के जरिए अपने मन को अनुशासित करने,*
- ***'आज के कुरुक्षेत्र'** में मर्यादा के साथ डटकर संघर्ष करने,*

- *और **'यथार्थ संहिता'** के बोध से परम सत्य को पाने के लिए तैयार हैं...*

तो इस पावन यात्रा में आपका स्वागत है।

अब आप अगले पृष्ठ पर स्वयं का सामना करें

॥ अनुक्रमणिका ॥

(हृदय की सफाई: क्रोध, चिंता और नकारात्मकता का इलाज)

(रिश्ते, प्रेम और अगली पीढ़ी का निर्माण)

(भटकते हुए युवाओं और नई शुरुआत के लिए संजीवनी)

(कलयुग के व्यवहार-सूत्र एवं संघर्ष का यथार्थ)

तृतीय सोपान : ॥ यथार्थ संहिता ॥ (पृष्ठ 338 .. 532)

(भ्रम से यथार्थ की ओर - युग परिवर्तक महाग्रंथमहाग्रंथ)

षष्ठम खंड : परम जिज्ञासा (आध्यात्मिक रहस्य)?)..447

प्रथम सोपान :
।। स्वयं संहिता ।।

आत्म-विजय एवं सामर्थ्य का महाशास्त्र

।। ग्रंथ-प्रवेश ।।

हे जिज्ञासु!

यह केवल एक पुस्तक नहीं है, यह एक 'दर्पण' है।

इसमें तुम्हें लेखक के विचार नहीं, बल्कि अपना स्वयं का चेहरा दिखाई देगा।

इसे पढ़ने के तीन नियम हैं:

१. पात्र खाली रखें:

जैसे भरे हुए घड़े में और जल नहीं भरा जा सकता, वैसे ही यदि तुम अपने पुराने ज्ञान और अहंकार से भरे हो, तो यह ग्रंथ तुम्हारे लिए व्यर्थ है। पहले अपने मन को खाली करो।

२. गति नहीं, गहराई:

इसे उपन्यास की तरह न पढ़ें। एक दिन में केवल एक 'सूत्र' पढ़ें। उसे दिन भर विचारें और अपने जीवन में उतारें।

३. स्वीकार भाव:

इसमें लिखी बातें कड़वी हो सकती हैं। यह तुम्हारे अहंकार पर चोट करेंगी। उस चोट को सहना, क्योंकि छेनी की चोट सहकर ही पत्थर 'मूरत' बनता है।

अब, यदि तुम सत्य का सामना करने के लिए तैयार हो,

तो अगले पृष्ठ पर कदम बढ़ाओ...

भाग १

जागरण (नींद से उठना)

।। प्रथम खंड : महा-भ्रम ।।

(जागते हुए सोए लोग)

सूत्र १ :

अजनबी दर्पण

(स्वयं की पहचान का संकट)

।। सूत्र ।।

"समस्त ब्रह्मांड को अपनी मुट्ठी में करने की लालसा रखने वाला मनुष्य, अंततः उस अजनबी से पराजित हो जाता है जो दर्पण में उसे प्रतिदिन देखता है, किंतु जिसे वह पहचानता नहीं।"

।। विवेचना ।।

संसार की विडंबना देखिये! मनुष्य को यह तो ज्ञात है कि पड़ोसी के भवन में क्या हो रहा है, सागर के उस पार कौन सा राजा राज्य कर रहा है, और बाजार में किस वस्तु का क्या मूल्य है। किंतु, क्या उसे लेशमात्र भी ज्ञान है कि उसके अपने ही भीतर कौन निवास कर रहा है?

जब आप दर्पण के समक्ष खड़े होते हैं, तो आपको क्या दृष्टिगोचर होता है? एक मुख? एक नाम? एक पद? या पिता, पुत्र और पति का एक नश्वर रिश्ता?

सावधान हो जाइये! यह 'आप' नहीं हैं। यह केवल आपका 'आवरण' (वस्त्र) है।

जिस प्रकार एक अभिनेता रंगमंच पर कभी सम्राट बनता है तो कभी भिक्षुक, परंतु नाटक का पर्दा गिरते ही वह अपने वास्तविक स्वरूप में लौट आता है। ठीक उसी प्रकार, आप इस संसार रूपी विशाल रंगमंच पर केवल एक 'पात्र' की भूमिका निभा रहे हैं।

संकट यह है कि आपने अपने 'पात्र' को ही 'परम सत्य' मान लिया है। आपने 'मुखौटे' को ही 'मुख' समझ लिया है। यही कारण है कि जिस दिन धन छिनता है, आप विलाप करते हैं क्योंकि आपने स्वयं को 'धन का स्वामी' मान रखा था।

समस्त दुःखों का मूल कारण यही अज्ञान है— "स्वयं को वह मान लेना, जो आप नहीं हैं।"

स्मरण रखें, आप वह नहीं हैं जो चर्म-चक्षुओं (आँखों) से दिखाई देता है। आप शरीर नहीं, उस शरीर को संचालित करने वाली 'प्राण-शक्ति' हैं। आप नाम नहीं, उस नाम को सुनने वाली 'चेतना' हैं।

।। आत्म-साधना ।।

केवल पढ़ने से प्यास नहीं बुझती, जल ग्रहण करना पड़ता है। अतः सत्य को अनुभव करने के लिए आज यह प्रयोग करें:

रात्रि के एकांत में, जब कोलाहल शांत हो जाए, दर्पण के सामने खड़े हों। पाँच मिनट तक अपनी ही आँखों में एकटक देखें। पलकें झपकने दें, पर दृष्टि न हटाएं।

स्वयं से धीरे-धीरे पूछें— "क्या मैं यह नाम हूँ? नहीं, यह तो समाज ने दिया है।"

"क्या मैं यह चेहरा हूँ? नहीं, यह तो वृद्धावस्था में ढल जाएगा।"

कुछ ही क्षणों में आपको अनुभव होगा कि दर्पण में दिखने वाला चेहरा 'किसी और' का है, और उसे देखने वाला (द्रष्टा) कोई और है। यही वह पवित्र क्षण होगा जब पहली बार आपकी भेंट 'स्वयं' से होगी।

।। बोध-वाक्य ।।

"मैं वह नहीं हूँ जो दिखता हूँ,

मैं वह हूँ जो देखता है।"

(अर्थ : शरीर तो केवल एक वस्त्र है जो दिखाई देता है; मेरा वास्तविक स्वरूप वह 'आत्मा' है जो इन आँखों के पीछे बैठकर सब कुछ देख रही है।)

।। सूत्र-सार ।।

"दर्पण केवल चेहरे की धूल दिखा सकता है, मन की नहीं। अपने असली चेहरे को देखने के लिए आँखें खोलनी नहीं, बल्कि बंद करनी पड़ती हैं।"

सूत्र २ :

छाया की दौड़

(सुख परछाईं है, सत्य सूर्य है)

।। सूत्र ।।

"जो व्यक्ति सूर्य की ओर पीठ करके चलता है, परछाई उसे जीवन भर दौड़ाती है। किंतु जो सूर्य की ओर मुख कर लेता है, परछाई दासी बनकर उसके पीछे चलने लगती है।"

।। विवेचना ।।

संसार में प्रत्येक मनुष्य 'सुख' की तलाश में है। कोई धन में सुख खोज रहा है, कोई पद में, तो कोई दूसरे शरीर में। परंतु सत्य यह है कि संसार का सुख उस 'परछाई' के समान है, जिसे आप कभी पकड़ नहीं सकते।

आप जितना तेज़ परछाई के पीछे भागेंगे, वह उतना ही तेज़ आपसे दूर भागेगी।

विचार कीजिये— बचपन में लगा था कि खिलौना मिलने पर सुख मिलेगा, फिर लगा युवावस्था में, फिर विवाह पर, फिर संतान पर। सब कुछ मिला, किंतु क्या वह 'शाश्वत आनंद' मिला जिसकी प्यास थी? नहीं। क्योंकि जैसे ही एक इच्छा पूरी हुई, मन ने दूसरी परछाई के पीछे दौड़ना शुरू कर दिया।

यह दौड़ कभी समाप्त नहीं होती। इसे ही 'तृष्णा' कहते हैं।

जब आप बाहरी वस्तुओं (धन, भवन, वाहन) से सुख मांगते हैं, तो आप सूर्य (सत्य / ईश्वर) की ओर पीठ करके खड़े होते हैं। इसीलिए सुख आपसे दूर भागता है।

जिस दिन आप ठहर जाते हैं और यह समझ लेते हैं कि "आनंद मेरा स्वभाव है, वह किसी वस्तु का मोहताज नहीं," उसी क्षण आप सूर्य की ओर मुख कर लेते हैं। और तब, संसार का सारा वैभव एक दासी की तरह आपके पीछे आने लगता है।

मांगने वाला सदैव दरिद्र रहता है, और जो अपनी मस्ती में जीता है, वही सम्राट है।

।। आत्म-साधना ।।

इस अंधी दौड़ को रोकने के लिए आज यह अभ्यास करें:

आज दिन में जब भी मन में यह विचार आए कि "मुझे यह मिल जाए तो मैं सुखी हो जाऊंगा" या "अगर ऐसा हो गया तो आनंद आ जाएगा"—तभी के तभी 'ठहर' जाएं।

एक गहरी साँस लें और स्वयं से कहें— "नहीं! मेरी प्रसन्नता इस वस्तु या व्यक्ति की दास नहीं है। मैं अभी, इसी क्षण, बिना किसी कारण के भी आनंदित रह सकता हूँ।"

आज कुछ समय के लिए अपनी सभी इच्छाओं को त्यागकर सिर्फ़ 'अपने होने' का आनंद लें। महसूस करें कि श्वास लेना ही कितना बड़ा उत्सव है।

।। बोध-वाक्य ।।

"सुख बाहर की वस्तुओं में नहीं,

भीतर के संतोष में निवास करता है।"

(अर्थ : बाहरी चीजें केवल शरीर को आराम दे सकती हैं, किंतु सच्चा आनंद केवल मन की तृप्ति और शांति में ही मिलता है।)

।। सूत्र-सार ।।

"सुख माँगने से नहीं, बांटने से बढ़ता है। संसार से सुख की भीख मत मांगो, अपने भीतर के आनंद के राजा बनो।"

सूत्र ३ :

उधार की चमक

(दिखावे और बाहरी आडंबर का खोखलापन)

।। सूत्र ।।

"कांच का टुकड़ा सूर्य के प्रकाश से चमकता है, किंतु सूर्यास्त होते ही वह मात्र पत्थर रह जाता है। जो अपनी चमक के लिए दूसरों की प्रशंसा का मोहताज है, उसका अंधकार निश्चित है।"

।। विवेचना ।।

आज का मनुष्य एक विचित्र दौड़ में शामिल है—"उन लोगों को प्रभावित करना, जिन्हें वह पसंद भी नहीं करता।"

इसे ही 'माया' का जाल कहते हैं। आप महंगे वस्त्र पहनते हैं, बड़ा वाहन खरीदते हैं, और स्वर्ण-आभूषण धारण करते हैं। स्वयं से सत्य बोलिये—क्या यह सब आपकी अपनी आवश्यकता है? या यह केवल पड़ोसी और समाज की आँखों में 'बड़ा' दिखने का प्रयास है?

जब आप अपनी शान-शौकत का प्रदर्शन करते हैं, तो वास्तव में आप समाज से भीख मांग रहे होते हैं— "कृपया मेरी ओर देखिये, कृपया मेरी प्रशंसा कीजिये।"

याद रखिये, जो सम्मान आपके 'कपड़ों' या 'गाड़ी' को देखकर दिया गया है, वह आपका सम्मान नहीं है; वह उस वस्तु का सम्मान है। जिस दिन वह वस्तु हटेगी, वह सम्मान भी चला जाएगा। इसे ही "उधार की चमक" कहते हैं।

शेर अपनी खाल में मस्त रहता है, उसे किसी के प्रमाण-पत्र की आवश्यकता नहीं होती। किंतु एक दुर्बल मन वाला व्यक्ति जीवन भर दूसरों की तालियों का गुलाम बना रहता है। वह अपना पेट काटकर, कर्ज लेकर भी दुनिया को यह साबित करने में लगा रहता है कि वह सुखी है, जबकि भीतर से वह जल रहा होता है।

ऐसी 'झूठी प्रतिष्ठा' रेत के महल के समान है, जो समय की एक लहर में ढह जाती है।

।। आत्म-साधना ।।

दिखावे के इस रोग को मिटाने के लिए आज यह कठोर प्रयोग करें:

आगामी २४ घंटों के लिए, अपने किसी एक ऐसे कार्य को रोक दें जो आप सिर्फ़ 'दिखावे' के लिए करते हैं।

जैसे— यदि आप कहीं जा रहे हैं, तो सबसे महंगे कपड़े पहनने के बजाय साधारण और स्वच्छ वस्त्र पहनें। या यदि आप दान या पुण्य का कार्य करें, तो उसकी चर्चा किसी से न करें (उसे पूर्णतः गुप्त रखें)।

जब आप प्रशंसा की उम्मीद छोड़कर कर्म करेंगे, तो आपको लगेगा कि आपके सिर से एक भारी बोझ उतर गया है। यही 'स्वतंत्रता' है।

।। बोध-वाक्य ।।

"दूसरों को प्रभावित करने में जीवन व्यर्थ न करो,

स्वयं को 'प्रमाणित' करने में जीवन लगाओ।"

(अर्थ : लोगों की झूठी वाह-वाही पाने के लिए नाटक मत करो, बल्कि ऐसे श्रेष्ठ कर्म करो कि तुम अपनी ही नजरों में सही साबित हो सको।)

।। सूत्र-सार ।।

"सादगी ही सबसे बड़ा आभूषण है। जो भीतर से भरा होता है, उसे बाहर शोर मचाने की आवश्यकता नहीं होती।"

सूत्र ४ :

सोने की बेड़ियाँ

(मोह और अहंकार का अदृश्य जाल)

।। सूत्र ।।

"बेड़ी लोहे की हो या सोने की, वह पक्षी को उड़ने से रोकती ही है। जो मनुष्य अपनी सुख-सुविधाओं और संबंधों के मोह में बंधा है, वह उस बंदी के समान है जिसे अपनी ही जेल से प्रेम हो गया है।"

।। विवेचना ।।

संसार में दो प्रकार की जंजीरें होती हैं। एक 'लोहे' की—जिसे हम 'दुःख' कहते हैं, और दूसरी 'सोने' की—जिसे हम 'सुख' कहते हैं।

मनुष्य दुःख की जंजीर को तो तोड़ना चाहता है, किंतु सुख की जंजीर को गले का हार समझकर पहन लेता है। यही 'महा-भ्रम' है।

विचार कीजिये— आप धन कमाते हैं ताकि स्वतंत्र हो सकें, परंतु अंततः आप उसी धन की रक्षा के लिए उसके चौकीदार बन जाते हैं। आप बड़ा भवन बनाते हैं विश्राम के लिए, किंतु उसी भवन की देख-रेख में आपका विश्राम छिन जाता है।

जिसे आप अपनी 'संपत्ति' कहते हैं, वास्तव में वह आपकी 'विपत्ति' बन जाती है। यही "सोने की बेड़ियाँ" हैं।

जब तक आपके मन में यह भाव है कि "यह मेरा है, और यह मेरे बिना नहीं चल सकता", तब तक आप मुक्त नहीं हो सकते। मोह का धागा लोहे की जंजीर से भी अधिक मजबूत होता है, क्योंकि यह दिखाई नहीं देता।

याद रखें, नाव पानी में रहे तो ठीक, लेकिन यदि पानी नाव में आ जाए तो वह डूब जाती है। उसी प्रकार, आप संसार में रहें, पर संसार को अपने मन (भीतर) में न आने दें।

।। आत्म-साधना ।।

अपने मोह की तीव्रता को परखने और तोड़ने के लिए आज यह त्याग करें:

आपकी सबसे प्रिय वस्तु (जैसे—घड़ी, विशेष कलम, या कोई आभूषण) जिसे आप हमेशा अपने पास रखते हैं, उसे आज चौबीस घंटों के लिए त्याग दें। उसे अलमारी में बंद कर दें और उसका उपयोग न करें।

यदि आपका मन बार-बार उस वस्तु की ओर भागे, या आपको बेचैनी हो, तो समझ लीजिये कि आप उसके 'स्वामी' नहीं, उसके 'दास' हैं।

इस बेचैनी को सहन करें। अपने मन को समझाएं— "मेरा अस्तित्व इस वस्तु से स्वतंत्र है।"

।। बोध-वाक्य ।।

"वस्तुओं का उपयोग करो, उनसे प्रेम नहीं।

प्रेम केवल ईश्वर और आत्मा के लिए है।"

(अर्थ : संसार की चीजें केवल काम चलाने के लिए हैं, उनसे दिल मत लगाओ। प्रेम केवल अविनाशी परमात्मा से करना चाहिए।)

।। सूत्र-सार ।।

"सजीव (इंसान) से प्रेम करो, निर्जीव (वस्तु) का केवल उपयोग करो। यदि निर्जीव से प्रेम करोगे, तो वह तुम्हें भी अपने जैसा 'जड़' बना देगा।"

सूत्र ५ :

कागज की नाव

(धन-दौलत की नश्वरता)

।। सूत्र ।।

"संसार की दौलत वह कागज की नाव है, जो समय के सागर में कुछ दूर तो तैर सकती है, किंतु पार नहीं लगा सकती। जो यात्री इस पर भरोसा करके बैठा है, उसका मझधार में डूबना निश्चित है।"

।। विवेचना ।।

मनुष्य का पूरा जीवन 'संग्रह' करने में बीत जाता है—और धन, और जमीन, और सोना। वह सोचता है कि यह सब उसकी सुरक्षा है।

किंतु इतिहास गवाह है—जब विश्व-विजेता सिकंदर महान गया, तो उसके दोनों हाथ खाली थे। उसकी विशाल सेना, अपार वैभव और जीते हुए राज्य, कोई भी यमराज का मार्ग नहीं रोक सका।

सत्य यह है कि "कफन में जेब नहीं होती।"

आप जो कुछ भी यहाँ कमा रहे हैं, वह यहीं की मिट्टी है और यहीं रह जाएगी। आपकी जमा-पूंजी, तिजोरी की चाबियाँ और जमीन के दस्तावेज—इनमें से एक भी सुई की नोक बराबर वस्तु भी आप अपने साथ नहीं ले जा सकते।

धन केवल 'यात्रा' (जीवन) को सरल बना सकता है, किंतु 'मंजिल' (मृत्यु और उसके बाद) पर यह खोटा सिक्का भी नहीं चलता। वहाँ केवल आपके 'कर्म' और 'संस्कार' ही असली संपत्ति बनकर चलते हैं।

अतः धन को 'स्वामी' मत बनाओ, इसे केवल 'सेवक' समझो। जो व्यक्ति धन को पकड़कर बैठता है, अंत में धन उसे छोड़ देता है।

।। आत्म-साधना ।।

धन के प्रति अपनी आसक्ति (चिपकाव) को कम करने के लिए आज यह 'त्याग' करें:

आज अपनी कमाई का एक छोटा सा हिस्सा (चाहे दस रुपये हों या सौ रुपये) किसी ऐसे जरूरतमंद को दें, जो आपको वापस कुछ न दे सके।

किसी भूखे को भोजन करा दें या किसी निर्धन की सहायता करें।

जब आप वह धन अपने हाथ से छोड़ें, तो मन में यह भाव रखें— "यह मेरा नहीं था, यह ईश्वर का था और मैंने इसे सही जगह पहुँचा दिया।"

देने का जो आनंद आपको मिलेगा, वही आपकी असली कमाई है। याद रखें, जो दिया वही साथ जाएगा, जो रखा वह यहीं रह जाएगा।

।। बोध-वाक्य ।।

"माटी का शरीर है, माटी में मिल जाएगा,

साथ न पैसा जाएगा, साथ केवल कर्म जाएगा।"

(अर्थ : मृत्यु के समय यह शरीर और सारी धन-दौलत यहीं मिट्टी में मिल जाएगी। परलोक में केवल हमारे द्वारा किए गए कर्म ही साथ जाते हैं।)

।। सूत्र-सार ।।

"धन को केवल 'तिजोरी' में नहीं, बल्कि 'दुआओं' में भी जमा करो। क्योंकि अंत समय में बैंक का खाता नहीं, पुण्य का खाता काम आता है।"

भाग २

शुद्धिकरण (भीतर की सफाई)

।। द्वितीय खंड : मानस शोधन ।।

(हृदय की सफाई : क्रोध, चिंता और नकारात्मकता का इलाज)

सूत्र ६ :

जलता हुआ कोयला

(क्रोध की अग्नि और उसका परिणाम)

।। सूत्र ।।

"क्रोध उस जलते हुए कोयले के समान है जिसे आप किसी और पर फेंकने के उद्देश्य से अपने हाथ में उठाते हैं, किंतु उससे पहले कि वह दूसरे को जलाए, वह स्वयं आपके हाथ को जला देता है।"

।। विवेचना ।।

क्रोध एक प्रकार का 'क्षणिक पागलपन' है। जब क्रोध आता है, तो मनुष्य की बुद्धि का दीपक बुझ जाता है। वह ऐसे शब्द बोल जाता है और ऐसे कृत्य कर बैठता है, जिनके लिए उसे जीवन भर पश्चाताप करना पड़ता है।

विचार कीजिये— जब आपको क्रोध आता है, तो दंड किसे मिलता है?

आपका रक्त उबलता है, आपकी साँसें तेज होती हैं, और आपका मन अशांत हो जाता है। सामने वाले पर उसका असर हो या न हो, परंतु आपने अपना शरीर और चैन तो नष्ट कर ही लिया।

यह विषपान करने जैसा है— आप विष (जहर) पीते हैं और आशा करते हैं कि मृत्यु शत्रु की होगी।

संसार में जितने भी संबंध टूटे हैं, जितने भी युद्ध हुए हैं, उन सबका मूल कारण एक ही रहा है— 'अनियंत्रित क्रोध'। एक पल का आपा खोना, वर्षों के प्रेम और तपस्या को राख कर सकता है।

याद रखें, शक्तिशाली वह नहीं जो पहलवान को पछाड़ दे, शक्तिशाली वह है जो अपने क्रोध को पछाड़ दे।

।। आत्म-साधना ।।

क्रोध की अग्नि को शांत करने के लिए आज यह 'शीतलीकरण' प्रयोग करें:

संकल्प लें कि आज जब भी आपको क्रोध आएगा, आप तुरंत 'प्रतिक्रिया' नहीं देंगे।

जैसे ही क्रोध का आवेश महसूस हो, तुरंत उस स्थान से हट जाएं या मौन हो जाएं।

शीतल जल पीयें और दस गहरी साँसें लें।

स्वयं से कहें— "मैं शांत हूँ। यह क्रोध मेरी दुर्बलता है, मैं इसे अपनी बुद्धि पर हावी नहीं होने दूंगा।"

यदि आप क्रोध आने के बाद केवल कुछ क्षणों का मौन रख लें, तो आप देखेंगे कि वह तूफान बिना किसी नुकसान के गुजर गया है।

।। बोध-वाक्य ।।

"क्रोध वह आँधी है,

जो बुद्धि के दीपक को बुझा देती है।"

(अर्थ : जिस प्रकार तेज हवा जलते हुए दीये को बुझा देती है, उसी प्रकार गुस्से का आवेश इंसान की सही-गलत सोचने की समझ को नष्ट कर देता है।)

।। सूत्र-सार ।।

"जब क्रोध बोले, तब आप चुप रहें। आपकी 'चुप्पी' ही वह ढाल है जो आपको और आपके संबंधों को जलने से बचा सकती है।"

सूत्र ७ :

दीमक और लकड़ी

(चिंता जीवन को खा जाती है)

।। सूत्र ।।

"जिस प्रकार दीमक लकड़ी को बाहर से ज्यों का त्यों रखते हुए भीतर से पूर्णतः खोखला कर देती है, ठीक उसी प्रकार 'चिंता' मनुष्य को जीवित रखते हुए भी भीतर से मृत-प्राय बना देती है।"

।। विवेचना ।।

संसार में कहा गया है कि 'चिंता' और 'चिता' में केवल एक बिंदु का अंतर होता है। चिता तो निर्जीव शरीर को जलाती है, किंतु चिंता जीवित शरीर को तिल-तिल करके जलाती है।

मनुष्य का स्वभाव विचित्र है। वह उन घटनाओं के लिए आज दुखी हो रहा है, जो अभी घटी ही नहीं हैं और शायद कभी घटेंगी भी नहीं। इसे ही 'काल्पनिक भय' कहते हैं।

स्मरण रखिये, चिंता करने से आने वाले कल की विपत्ति कम नहीं होती, बल्कि आज की शक्ति और शांति अवश्य नष्ट हो जाती है।

यदि समस्या का समाधान आपके हाथ में है, तो चिंता क्यों? समाधान कीजिये।
और यदि समाधान आपके हाथ में नहीं है, तो चिंता क्यों? उसे समय और प्रारब्ध पर छोड़ दीजिये।

जो व्यक्ति हर छोटी बात पर मन को भारी कर लेता है, वह जीवन का उत्सव कभी नहीं मना सकता। वह भविष्य के अंधकार को देखने में इतना व्यस्त रहता है कि वर्तमान के सूर्य को देख ही नहीं पाता।

।। आत्म-साधना ।।

अपने मन से चिंता का बोझ उतारने के लिए आज यह 'समर्पण-क्रिया' करें:
एक शांत स्थान पर बैठें और अपनी उन समस्याओं के बारे में सोचें जो आपको रात-दिन सता रही हैं।
अब अपनी आँखें बंद करें और एक लंबी श्वास छोड़ें।
मन में यह भाव लाएं— "मैं इस समस्या का बोझ अब और नहीं उठाऊंगा।"
मानसिक रूप से उस समस्या की पोटली बनाएं और

उसे अपने इष्ट (ईश्वर) के चरणों में रख दें।

स्वयं से कहें— "हे प्रभु! मैंने अपना प्रयत्न कर लिया, अब परिणाम आपके हाथ में है। मैं निश्चिंत हूँ।" जिस क्षण आप परिणाम का मोह छोड़ देंगे, उसी क्षण चिंता मिट जाएगी।

।। बोध-वाक्य ।।

"चिंतन करो, चिंता नहीं।
समाधान खोजो, समस्या नहीं।"

(अर्थ : केवल परेशान होने से दुख बढ़ता है, लेकिन शांत मन से उपाय सोचने से हर मुसीबत का रास्ता निकल आता है।)

।। सूत्र-सार ।।

"जो होना है, वह होकर रहेगा, और जो नहीं होना, वह कभी नहीं होगा। इस अटल सत्य को मान लो, सारी चिंता धुएं की तरह उड़ जाएगी।"

सूत्र ८ :

मृगतृष्णा

(सुख बाहर ढूँढना व्यर्थ है)

।। सूत्र ।।

"जिस प्रकार कस्तूरी मृग अपनी ही नाभि में छिपी सुगंध को पूरे वन में खोजता हुआ प्राण त्याग देता है, उसी प्रकार अज्ञानी मनुष्य अपने भीतर के आनंद को भूलकर उसे संसार की वस्तुओं में तलाशता रहता है।"

।। विवेचना ।।

रेगिस्तान में प्यासा हिरण जब दूर चमकती हुई रेत को देखता है, तो उसे लगता है कि वहां जल है। वह दौड़कर वहां जाता है, लेकिन वहां केवल सूखी रेत मिलती है। इसे ही 'मृगतृष्णा' (भ्रम) कहते हैं।

संसार का आकर्षण भी ठीक वैसा ही है।

आपको लगता है— "बस वह मिल जाए तो जीवन सफल हो जाएगा।"

लेकिन जब वह मिलता है, तो आप पाते हैं कि प्यास बुझी नहीं, बल्कि और बढ़ गई।

हजारों वर्षों से मनुष्य सुख को बाहर खोज रहा है—कभी महलों में, कभी मदिरा में, कभी दूसरे के सौंदर्य में। किंतु क्या आज तक कोई ऐसा व्यक्ति मिला जो यह कह सके कि "मुझे बाहर से पूर्ण तृप्ति मिल गई"?

नहीं मिल सकती। क्योंकि आप 'गलत स्थान' पर सुख ढूंढ रहे हैं।

सत्य यह है कि आनंद किसी दुकान पर बिकने वाली वस्तु नहीं है। आनंद आपकी आत्मा का स्वभाव है। जैसे अग्नि का स्वभाव 'तपन' है, वैसे ही आत्मा का स्वभाव 'आनंद' है। उसे बाहर खोजना उतना ही हास्यास्पद है जितना मछली का पानी में रहते हुए प्यासा होना।

।। आत्म-साधना ।।

बाहर की दौड़ को थामने और भीतर लौटने के लिए आज यह 'ध्यान-क्रिया' करें:

एकांत में सुखासन (पालथी मारकर) में बैठें। अपनी रीढ़ की हड्डी सीधी रखें।

आँखें बंद करें और अपना पूरा ध्यान अपने हृदय (छाती के बीच) पर ले जाएं।

कल्पना करें कि आपके हृदय में एक सुनहरा कमल खिला हुआ है, जिससे शांति का प्रकाश निकल रहा है।

सांस लेते हुए महसूस करें कि वह शांति आपके पूरे शरीर में फैल रही है।

स्वयं से कहें— "मुझे कहीं जाने की आवश्यकता नहीं है। मेरा सुख मेरे भीतर है। मैं स्वयं आनंद का स्रोत हूँ।"

दस मिनट तक इसी भाव में डूबें रहें।

।। बोध-वाक्य ।।

"पानी में मीन पियासी,
मोहे सुन-सुन आवे हाँसी।"
(अर्थ : जल के भीतर रहते हुए भी मछली प्यासी है, यह देख-सुनकर मुझे हँसी आती है। भाव यह है कि

आनंद का सागर हमारे भीतर है, फिर भी हम उसे बाहर खोजते हुए भटक रहे हैं।)

।। सूत्र-सार ।।

"कस्तूरी (आनंद) बाहर के जंगल में नहीं, तुम्हारी नाभि (हृदय) में है। बाहर भटकना छोड़ो, और भीतर डुबकी लगाओ।"

सूत्र ९ :

पुरानी पोटली

(क्षमा : अतीत का बोझ उतार फेंकना)

।। सूत्र ।।

"अतीत की कड़वी यादें और अपमान उस 'पुरानी पोटली' के समान हैं, जिसे ढोने से मनुष्य की वर्तमान में जीने की 'क्षमता' नष्ट हो जाती है। इस भारी बोझ को उतार फेंकने का केवल एक ही अस्त्र है—'क्षमा'।"

।। विवेचना ।।

मनुष्य का मन बड़ा विचित्र है। वह जीवन भर उन लोगों और घटनाओं की 'पुरानी पोटली' अपने सिर पर लादे घूमता है, जिन्होंने उसे कभी चोट पहुँचाई थी।

जरा विचार कीजिये— यदि एक धावक अपने सिर पर पत्थरों से भरी पोटली रख ले, तो क्या वह दौड़ पाएगा? नहीं। वह बोझ उसकी दौड़ने की 'शक्ति' और 'क्षमता' को कुचल देगा।

ठीक इसी प्रकार, जब हम दूसरों को क्षमा नहीं करते, तो हम द्वेष और गुस्से का बोझ अपने ही कंधों पर उठाए रखते हैं। यह बोझ हमारी प्राण-शक्ति को चूस लेता है और हम जीवन में पिछड़ जाते हैं।

याद रखिये, क्षमा करने का अर्थ यह नहीं है कि सामने वाला सही था। क्षमा का अर्थ है कि आप उस 'पुरानी पोटली' को अब और नहीं ढोना चाहते।

क्षमा दूसरे के लिए नहीं, बल्कि अपनी शांति और अपनी खोई हुई क्षमता को वापस पाने के लिए की जाती है। कूड़े (पुरानी बातों) को घर में नहीं सजाया जाता, उसे 'क्षमा' की झाड़ू से बाहर फेंक दिया जाता है।

।। आत्म-साधना ।।

अपनी क्षमता वापस पाने के लिए आज यह 'क्षमा-क्रिया' करें:

शांत होकर बैठें। आँखें बंद करें और कल्पना करें कि आपके कंधों पर एक भारी काली पोटली (अतीत का बोझ) रखी है।

अब उस व्यक्ति का चेहरा याद करें जिससे आप नाराज हैं।

एक लंबी सांस लें और मन में कहें— "मैं अपनी शांति के लिए तुम्हें क्षमा करता हूँ। मैं इस पुरानी पोटली को आज उतार फेंकता हूँ।"

महसूस करें कि बोझ उतर गया है और आप पंख की तरह हल्के हो गए हैं।

।। बोध-वाक्य ।।

"बीती ताहि बिसारि दे,

आगे की सुधि लेइ।"

(अर्थ : जो बात बीत गई, उसे भूल जाओ और आगे आने वाले समय को संवारने की चिंता करो। जो हो गया उस पर रोने से कुछ नहीं बदलेगा।)

।। सूत्र-सार ।।

"क्रोध वह 'कोयला' है जिसे हम दूसरे पर फेंकने के लिए उठाते हैं, लेकिन जलते सबसे पहले हम खुद हैं। इसलिए 'क्षमा' करो और अपनी 'क्षमता' बचाओ।"

सूत्र १० :

अहोभाव

(शिकायत छोड़ो, धन्यवाद का चमत्कार देखो)

।। सूत्र ।।

"शिकायत वह 'छिद्र' (छेद) है जिससे जीवन का सारा सुख धीरे-धीरे बह जाता है। जबकि 'अहोभाव' (कृतज्ञता) वह पारस पत्थर है, जो अभाव (कमी) को भी 'आनंद' में बदल देता है।"

।। विवेचना ।।

'अहोभाव' का अर्थ है—जीवन के प्रति गहरा धन्यवाद।

मनुष्य का स्वभाव बड़ा विचित्र है। अगर उसे ९९ खुशियाँ मिलें और १ दुख मिले, तो वह उन ९९ को भूलकर उस १ दुख की शिकायत करता रहेगा।

हम हमेशा उस तरफ देखते हैं जो हमारे पास 'नहीं' है।

"मेरे पास बड़ी गाड़ी नहीं है, मेरा घर छोटा है..."

ये शिकायतें हमारे जीवन को नर्क बना देती हैं। शिकायत करना एक 'काला चश्मा' पहनने जैसा है, जिससे सब कुछ अंधेरा ही दिखता है।

इसके विपरीत, 'अहोभाव' एक जादू है।

जब आप भोजन करते समय कहते हैं— "हे ईश्वर! मुझे यह अन्न देने के लिए धन्यवाद", तो भोजन का स्वाद बढ़ जाता है।

जब आप सुबह उठकर कहते हैं— "अहो! मुझे एक नया दिन देने के लिए धन्यवाद", तो शरीर में नई ऊर्जा आ जाती है।

याद रखिये, जिसके पास 'शुक्रिया' है, वह फकीर होकर भी अमीर है। और जिसके पास केवल 'शिकायत' है, वह महलों में रहकर भी भिखारी है।

।। आत्म-साधना ।।

शिकायत की आदत तोड़ने के लिए आज से 'धन्यवाद-नियम' अपनाएं:

रोज रात को सोने से पहले, बिस्तर पर लेटे हुए अपनी आँखें बंद करें।

दिन भर की कोई भी ३ अच्छी बातों को याद करें और उनके लिए ईश्वर को धन्यवाद दें।

वे छोटी बातें भी हो सकती हैं— जैसे "आज ठंडी हवा चली", "आज किसी ने मुझसे मुस्कुरा कर बात की" या "आज का भोजन बहुत स्वादिष्ट था"।

लगातार २१ दिन तक ऐसा करें। आप पाएंगे कि आपका जीवन शिकायतों से खाली और खुशियों से भर गया है।

।। बोध-वाक्य ।।

"रूखा सूखा खाय के,

ठंडा पानी पी।

देख पराई चूपड़ी,

मत ललचावे जीव।।"

(अर्थ : जो रूखा-सूखा मिल गया है, उसे प्रेम से स्वीकार करो और ठंडा पानी पीकर संतोष करो।

दूसरों की सुख-सुविधा और समृद्धि को देखकर अपने मन को जलाना व्यर्थ है।)

।। सूत्र-सार ।।

"ईश्वर उन्हें कुछ नहीं देता जो केवल 'गिनते' रहते हैं कि क्या नहीं मिला। ईश्वर उन्हें सब कुछ देता है जो उस थोड़े के लिए भी 'धन्यवाद' देते हैं, जो उन्हें मिला है।"

सूत्र ११ :

शब्दों के बाण

(वाणी का संयम : कम बोलना, सत्य बोलना)

।। सूत्र ।।

"शब्द मुँह के पिंजरे में बंद उस 'पक्षी' के समान है, जो जब तक भीतर है, आपका गुलाम है। किंतु एक बार होठों से उड़ गया, तो फिर आप उसके गुलाम बन जाते हैं।"

।। विवेचना ।।

मनुष्य को प्रकृति ने दो कान और दो आँखें दी हैं, लेकिन जीभ केवल एक दी है। इसका संकेत स्पष्ट है— "देखो और सुनो ज्यादा, पर बोलो कम।"

हम अक्सर आवेश में आकर कुछ ऐसा बोल जाते हैं, जिसका पछतावा हमें वर्षों तक होता है। याद रखिये, जब तक आप चुप हैं, आपकी कमजोरी और

बुद्धिमानी दोनों छिपी हैं। लेकिन जैसे ही आप बोलते हैं, आपका असली व्यक्तित्व जग-जाहिर हो जाता है।

इतिहास गवाह है कि बड़े-बड़े युद्ध केवल गलत शब्दों के कारण हुए हैं। महाभारत में द्रौपदी का एक ही वाक्य— "अंधे का पुत्र अंधा"—विनाश का कारण बन गया था।

'मौन' एक ऐसी शक्ति है जो बड़े-बड़े विवादों को समाप्त कर देती है। जहाँ बोलना जरूरी न हो, वहाँ चुप रहना ही सबसे बड़ा उत्तर है। बुद्धिमान व्यक्ति बहस नहीं करता, वह मौन रहकर अपनी ऊर्जा बचाता है।

।। आत्म-साधना ।।

अपनी वाणी को शुद्ध करने के लिए आज से 'तीन द्वार' का नियम अपनाएं।

कुछ भी बोलने से पहले उसे मन में इन तीन कसौटियों पर कसें:

१. क्या यह सत्य है?

२. क्या यह आवश्यक है? (या चुप रहने से काम चल जाएगा?)

३. क्या यह प्रिय है? (क्या इससे किसी का भला होगा?)

यदि आपकी बात इन तीनों द्वारों से पास हो, तभी उसे मुँह से बाहर निकालें।

इसके अलावा, सप्ताह में कम से कम एक घंटे का 'मौन व्रत' रखें। उस दौरान केवल इशारा करें, बोलें नहीं।

।। बोध-वाक्य ।।

"बोली एक अमोल है,

जो कोई बोलै जानि।

हिये तराजू तौलि के,

तब मुख बाहर आनि।।"

(अर्थ : वाणी अनमोल रत्न है, इसलिए जो बोलना जानता है, वह पहले अपने हृदय रूपी तराजू में शब्दों को तौलता है, और तभी उसे मुँह से बाहर निकालता है।)

।। सूत्र-सार ।।

"शब्दों का वजन बोलने वाले पर नहीं, बल्कि सुनने वाले पर पड़ता है। इसलिए केवल तभी बोलें जब आपके शब्द आपके 'मौन' से अधिक सुंदर और कीमती हों।"

।। तृतीय खंड : जीवन समर (संघर्ष पथ) ।।

(जीवन की कठिनाइयों से लड़ने की कला)

सूत्र १२ :

कीचड़ में कमल

(संसार में रहकर भी उससे निर्लिप्त रहना)

।। सूत्र ।।

"ईश्वर को पाने के लिए संसार छोड़कर भागना कायरता है। असली धर्म वह है, जब आप शोर-शराबे, जिम्मेदारी और संघर्ष के बीच खड़े हों, फिर भी आपके भीतर का सन्नाटा न टूटे।"

।। विवेचना ।।

सदियों से एक बहुत बड़ी गलतफहमी चली आ रही है कि "शांति चाहिए तो घर-बार छोड़ दो, जंगल चले जाओ।"

यह आज के युग का सबसे बड़ा भ्रम है।

यदि आप घर छोड़कर हिमालय पर चले गए और वहां आपको शांति मिली, तो याद रखिये—वह शांति

पहाड़ की है, आपकी नहीं। जिस दिन आप वापस शहर के शोर में आएंगे, आपकी शांति भंग हो जाएगी। ऐसी कमजोर शांति किस काम की?

गीता का असली संदेश 'भागना' नहीं है। अर्जुन युद्ध के मैदान में खड़ा है, जंगल में नहीं।

असली परीक्षा यह है कि आप परिवार में रहें, व्यापार करें, नौकरी करें, लेकिन भीतर से ऐसे रहें जैसे 'कीचड़ में कमल'।

कमल कीचड़ के बीच खिलता है, पानी में रहता है, लेकिन पानी की एक बूँद भी उस पर टिक नहीं पाती।

संसार से भागो मत, बल्कि संसार को अपने मन से बाहर निकाल दो। हाथ में काम हो और मन में राम हो—यही सच्चा जीवन है।

।। आत्म-साधना ।।

आज से 'साक्षी-भाव' का अभ्यास करें:

जब आप काम कर रहे हों या बाज़ार की भीड़ में हों, तो खुद को मन ही मन कहें—

"मैं यह शरीर नहीं हूँ जो धक्का-मुक्की खा रहा है। मैं केवल इसे देखने वाला 'साक्षी' हूँ। यह शोर मेरे बाहर है, मेरे भीतर नहीं।"

दिन में ३ बार खुद को याद दिलाएं कि आप इस संसार रूपी नाटक के एक 'अभिनेता' हैं, जो अपना रोल निभा रहा है, लेकिन रोल से चिपका नहीं है।

।। बोध-वाक्य ।।

"जैसे कमल पत्र है,

पानी लागै ना।

ऐसे ही जो जग रहे,

ताको दुःख है ना।।"

(अर्थ : जिस प्रकार कमल के पत्ते पर पानी की बूँद नहीं ठहरती, उसी प्रकार जो मनुष्य संसार में रहते हुए भी मोह-माया से निर्लिप्त रहता है, उसे कोई दुःख नहीं छू सकता।)

।। सूत्र-सार ।।

"नौका जल में रहे, तो सुंदर है। लेकिन जल नौका में आ जाए, तो वह डूब जाएगी। उसी प्रकार, तुम संसार में रहो तो ठीक, पर संसार तुम्हारे दिमाग में घुस जाए, तो डूब जाओगे।"

सूत्र १३ :

पर्वत की गूंज

(कर्म-फल का अटल नियम)

।। सूत्र ।।

"यह संसार एक विशाल पर्वत की 'गूंज' (प्रतिध्वनि) के समान है। तुम जो भी आवाज इसे दोगे, वही लौटकर तुम्हारे पास आएगी। यदि तुम 'प्रेम' बोलोगे, तो प्रेम मिलेगा; और यदि 'घृणा' बोलोगे, तो घृणा ही वापस आएगी।"

।। विवेचना ।।

कर्म का विधान प्रकृति के नियम जैसा पक्का है— "हर क्रिया की प्रतिक्रिया होती है।"

अक्सर लोग अपनी दुर्दशा के लिए भाग्य, ईश्वर या दूसरों को दोषी ठहराते हैं। लेकिन सत्य यह है कि

हमें वही मिलता है, जो हमने कभी न कभी ब्रह्मांड को दिया था।

कल्पना कीजिये कि आप एक पहाड़ के सामने खड़े हैं।

यदि आप चिल्लाते हैं— "मैं तुम्हें मार डालूंगा", तो पहाड़ भी गूंजता है— "मैं तुम्हें मार डालूंगा..."। आप डर जाते हैं।

लेकिन यदि आप प्रेम से पुकारते हैं, तो पहाड़ भी प्रेम की ही गूंज लौटाता है।

जीवन ठीक ऐसा ही है।

आप किसी को धोखा देकर सुखी नहीं हो सकते, क्योंकि वह धोखा घूमकर एक दिन आप ही के दरवाजे पर खटखटाएगा। और यदि आपने किसी की निस्वार्थ मदद की है, तो वह मदद किसी न किसी रूप में—शायद किसी और के माध्यम से—लौटकर आप तक जरूर आएगी।

इसलिए, 'फल' की चिंता मत करो, केवल अपने 'बीज' (कर्म) पर ध्यान दो। अगर बीज नीम का है, तो फल आम का नहीं हो सकता।

।। आत्म-साधना ।।

अपने कर्मों को सुधारने के लिए आज यह प्रयोग करें:

पूरे दिन में कम से कम एक ऐसा अच्छा काम करें जिसका पता किसी को न चले।

(जैसे—रास्ते से पत्थर हटा देना, किसी प्यासे को पानी पिलाना, या मन ही मन किसी शत्रु का भला मांगना)।

यह "गुप्त कर्म" एक ऐसा बीज है, जो भविष्य में आपको सुख की फसल देगा।

जब भी मन में किसी के लिए बुरा ख्याल आए, तो तुरंत रुक जाएं और सोचें— "यह आकाश की ओर फेंका गया पत्थर है, अगर मैंने इसे फेंका, तो यह लौटकर मेरे ही सिर पर लगेगा।"

।। बोध-वाक्य ।।

"कर्म प्रधान विश्व रचि राखा,
जो जस करइ सो तस फल चाखा।"

(अर्थ : ईश्वर ने इस संसार को 'कर्म-प्रधान' बनाया है। यहाँ जो जैसा करता है, उसे वैसा ही फल चखना पड़ता है। इसमें कोई भेदभाव नहीं है।)

।। सूत्र-सार ।।

"दूसरों को दिया गया सुख, तुम्हारे पास 'ब्याज' के साथ लौटता है। और दूसरों को दिया गया दुःख, तुम्हारे पास 'दंड' के साथ लौटता है। चुनाव तुम्हारा है।"

सूत्र १४ :

छेनी की चोट

(संघर्ष ही मनुष्य को मूरत बनाता है)

।। सूत्र ।।

"जिस पत्थर को छेनी और हथौड़े की चोट से पीड़ा हो, वह कभी 'मूरत' नहीं बन सकता। जीवन में आने वाला संघर्ष तुम्हें तोड़ने के लिए नहीं, बल्कि एक सुंदर प्रतिमा की तरह तुम्हें 'तराशने' के लिए आता है।"

।। विवेचना ।।

एक बार एक शिल्पकार (मूर्तिकार) जंगल से दो बड़े पत्थर लेकर आया।

जब उसने पहले पत्थर पर छेनी और हथौड़ा चलाया, तो पत्थर चिल्लाया— "मुझे मत मारो, मुझे बहुत दर्द हो रहा है।" शिल्पकार ने उसे छोड़ दिया।

फिर उसने दूसरे पत्थर को तराशना शुरू किया। दूसरे पत्थर ने चोट सहन की, क्योंकि वह जानता था कि यह दर्द उसे एक सुंदर रूप देगा।

कुछ समय बाद, वह दूसरा पत्थर एक सुंदर 'भगवान की मूरत' बन गया, जिसकी मंदिर में पूजा होने लगी। और पहला पत्थर (जो दर्द से डर गया था) उसी मंदिर के बाहर 'नारियल फोड़ने' के काम आया।

यही जीवन का सत्य है।

यदि आप संघर्ष, अपमान और कष्ट से भागेंगे, तो दुनिया आपको पैरों तले रौंदती रहेगी (जैसे बाहर का पत्थर)।

लेकिन यदि आप कठिनाइयों को चुपचाप सहकर खुद को मजबूत बना लेंगे, तो एक दिन दुनिया आपको सिर माथे पर बिठाएगी।

याद रखिये, सोने को भी कुंदन बनने के लिए आग में तपना पड़ता है। बिना तपस्या के कोई महान नहीं बनता।

।। आत्म-साधना ।।

आज से अपने दुःख को देखने का नजरिया बदलें:

जब भी जीवन में कोई बड़ी मुसीबत आए, तो रोने के बजाय खुद से कहें—

"ईश्वर मेरा शिल्पकार है और यह मुसीबत उसकी 'छेनी' है। वह मुझे कुछ 'बड़ा' बनाने की कोशिश कर रहा है। मैं टूटूँगा नहीं, मैं निखरूँगा।"हर रोज सुबह उठकर शीशे में देखकर कहें— "मैं कच्चा लोहा नहीं हूँ, मैं फौलाद हूँ। आग मुझे पिघला नहीं सकती, केवल आकार दे सकती है।"

।। बोध-वाक्य ।।

"बिना चोट खाये,

पत्थर नहीं भगवान।

मूरत तो वो ही बने,

जो सहे छेनी का बान।।"

(अर्थ : जब तक पत्थर छेनी और हथौड़े की चोट नहीं खाता, वह भगवान की मूरत नहीं बन सकता। पूजनीय वही बनता है, जो तराशे जाने के दर्द को सहन करता है।)

।। सूत्र-सार ।।

"छाता बारिश को नहीं रोक सकता, लेकिन बारिश में खड़े रहने का हौसला देता है। उसी प्रकार, आत्मविश्वास मुसीबतों को नहीं रोकता, लेकिन उनसे लड़ने की शक्ति देता है।"

सूत्र १५ :

तूफ़ान और घास

(अकड़ोगे तो टूटोगे, झुकोगे तो बचोगे)

।। सूत्र ।।

"भयंकर तूफ़ान में बड़े-बड़े विशाल वृक्ष जड़ से उखड़ जाते हैं, क्योंकि वे अकड़ कर खड़े रहते हैं। लेकिन कोमल घास सुरक्षित रहती है, क्योंकि वह हवा के साथ झुक जाती है। जीवन में जो झुकना जानता है, उसे कोई तोड़ नहीं सकता।"

।। विवेचना ।।

शक्तिशाली होना अच्छी बात है, लेकिन हमेशा अकड़ कर रहना मूर्खता है।

प्रकृति हमें सिखाती है कि कठोरता मृत्यु का लक्षण है और कोमलता जीवन का लक्षण है।

जब आँधी आती है, तो बड़े-बड़े बरगद और पीपल के पेड़ अपने अहंकार में सीधे खड़े रहते हैं। वे सोचते हैं— "हम क्यों झुकें? हम तो बहुत ताकतवर हैं।"

नतीजा? तूफ़ान उन्हें बीच से तोड़ देता है या जड़ से उखाड़ फेंकता है।

वहीं दूसरी ओर, जमीन पर उगी हुई मामूली घास हवा के रुख को देखकर झुक जाती है। तूफ़ान उसके ऊपर से निकल जाता है। और जब हवा रुकती है, तो घास वापस मुस्कुराती हुई खड़ी हो जाती है।

मनुष्य के जीवन में भी जब संकट, गुस्सा या विवाद का तूफ़ान आए, तो बहस करके अकड़ने के बजाय थोड़ा झुक जाना चाहिए।

याद रखिये, झुकता वही है जिसमें जान होती है, अकड़ना तो मुर्दे की पहचान होती है।

।। आत्म-साधना ।।

अपने स्वभाव में लचीलापन लाने के लिए आज यह अभ्यास करें:

१. गलती मानना: यदि घर में या बाहर कोई विवाद हो, तो यह मत सोचें कि "मेरी गलती नहीं है, मैं क्यों

बोलूँ?" संबंध बचाने के लिए पहल करें और झुक जाएं।

२. विनम्रता: आज किसी ऐसे व्यक्ति से झुककर (नमस्ते करके या सम्मान से) बात करें, जिसे आप खुद से छोटा समझते हैं (जैसे—सफाई वाला, चपरासी या कोई सेवक)।

यह झुकना आपको छोटा नहीं, बल्कि भीतर से बहुत बड़ा बना देगा।

।। बोध-वाक्य ।।

"नरम जो चारा होय,

चुन-चुन खायें गाय।

कठिन काठ नहिं खाय,

दांत टूट मुख जाय।।"

(अर्थ : गाय भी नरम घास को चुन-चुन कर खाती है, लेकिन कठोर लकड़ी को खाने की कोशिश नहीं करती, क्योंकि उससे दांत टूट जाते हैं। अर्थात, विनम्रता को सब पसंद करते हैं, कठोरता को कोई नहीं पूछता।)

।। सूत्र-सार ।।

"पहाड़ से गिरने वाला झरना चट्टानों को इसलिए काट देता है, क्योंकि वह 'कठोर' नहीं, बल्कि 'तरल' (पानी) है। विनम्रता दुनिया का सबसे धारदार हथियार है।"

सूत्र १६ :

वीणा के तार

(जीवन में संतुलन का महत्व)

।। सूत्र ।।

"जीवन एक वीणा (वाद्य-यंत्र) के समान है। यदि इसके तारों को बहुत कस दोगे, तो वे टूट जाएंगे। और यदि बहुत ढीला छोड़ दोगे, तो उनसे कोई संगीत नहीं निकलेगा। जीवन का संगीत केवल 'संतुलन' में ही गूँजता है।"

।। विवेचना ।।

जीवन जीने की कला बिल्कुल वीणा बजाने जैसी है।

अक्सर हम जीवन में 'अति' कर देते हैं।

कुछ लोग धन कमाने की दौड़ में खुद को इतना 'कस' देते हैं कि उनका स्वास्थ्य और रिश्ते टूट जाते हैं। वे

तनाव में जीते हैं और जल्दी बिखर जाते हैं (टूटे हुए तार)।

दूसरी तरफ, कुछ लोग इतने आलसी और लापरवाह हो जाते हैं कि वे जीवन में कुछ कर ही नहीं पाते (ढीले तार)।

सफल और सुखी जीवन वह है जो इन दोनों के बीच में हो।

कठोर परिश्रम करो, लेकिन विश्राम भी करो। धन कमाओ, लेकिन परिवार के साथ हँसो भी। नियम का पालन करो, लेकिन शरीर को अनावश्यक कष्ट मत दो।

याद रखिये, जीवन रूपी रथ तभी सहजता से चलता है जब उसका पहिया एकदम 'गोल' (संतुलित) हो। यदि पहिया कहीं से टेढ़ा या पिचका हुआ होगा, तो जीवन की यात्रा में झटके लगते रहेंगे और दुर्घटना हो जाएगी।

।। आत्म-साधना ।।

अपने जीवन को संतुलित करने के लिए 'तीन-आठ' (८-८-८) का नियम परखें:

ईश्वर ने दिन में २४ घंटे दिए हैं। क्या आप उनका सही बंटवारा कर रहे हैं?

१. ८ घंटे: श्रम और कर्म (नौकरी/व्यापार) के लिए।

२. ८ घंटे: गहरी नींद (शरीर की थकान मिटाने) के लिए।

३. ८ घंटे: अपने शरीर, परिवार, ईश्वर और मनोरंजन के लिए।

आज शाम को बैठकर विचार करें— "क्या मैं काम के पीछे इतना भाग रहा हूँ कि मेरे जीवन के तार टूटने वाले हैं? या मैं इतना ढीला हूँ कि कोई सुर नहीं निकल रहा?"

जहाँ कमी हो, उसे कसें या ढीला छोड़ें।

।। बोध-वाक्य ।।

"अति का भला न बोलना,

अति की भली न चूप।

अति का भला न बरसना,

अति की भली न धूप।।"

(अर्थ : किसी भी चीज की 'अति' बुरी होती है। न बहुत ज्यादा बोलना अच्छा है, न बहुत ज्यादा चुप रहना। न बहुत ज्यादा बारिश अच्छी है, और न ही बहुत ज्यादा धूप। बीच का रास्ता ही श्रेष्ठ है।)

।। सूत्र-सार ।।

"नदी के दो किनारे हैं—एक 'संयम' और दूसरा 'स्वतंत्रता'। यदि पानी इन दोनों किनारों के बीच बहे, तो वह 'गंगा' है। यदि किनारे तोड़ दे, तो वह केवल 'बाढ़' है जो विनाश लाती है।"

भाग ३ : निर्माण (नया जीवन बनाना)

।। चतुर्थ खंड : संबंध सेतु (परिवार और समाज) ।।

(रिश्ते, प्रेम और अगली पीढ़ी का निर्माण)

सूत्र १७ :

रेत की मुट्ठी

(स्वतंत्रता ही रिश्ते की जान है)

।। सूत्र ।।

"रिश्ते 'रेत' की मुट्ठी के समान होते हैं। यदि आप हथेली को खुला और सहज रखेंगे, तो रेत सुरक्षित रहेगी। लेकिन यदि आप मुट्ठी को जोर से भींचेंगे (कसेंगे), तो सारी रेत अंगुलियों के बीच से फिसल जाएगी।"

।। विवेचना ।।

प्रेम और रिश्तों का सबसे बड़ा शत्रु 'संदेह' (शक) और 'बंधन' है।

अक्सर हम जिसे प्रेम करते हैं, उसे अपनी जागीर समझने लगते हैं। हम सोचते हैं कि उस पर कड़ा पहरा बैठाने से वह हमारा ही रहेगा।

लेकिन सत्य इसके विपरीत है।

जब आप किसी को बांधने की कोशिश करते हैं, तो उसका दम घुटने लगता है और वह आपसे दूर भागने का रास्ता खोजने लगता है।

ठीक वैसे ही जैसे गीली रेत को आप जितना जोर से दबाएंगे, वह उतनी ही तेजी से हाथ से निकलेगी।

सच्चा प्रेम 'पिंजरा' नहीं, बल्कि 'खुला आकाश' देता है।

अगर आप चाहते हैं कि कोई आपके पास रहे, तो उसे इतनी आज़ादी दीजिये कि उसे दुनिया में सबसे ज्यादा सुकून आपके पास ही मिले। जो प्रेम से बंधा है, वह कभी नहीं जाएगा; और जो डर से बंधा है, वह कभी नहीं रुकेगा।

।। आत्म-साधना ।।

अपने रिश्तों में मिठास लाने के लिए आज से 'विश्वास का नियम' अपनाएं:

१. शंका का त्याग: अपने प्रियजनों पर हर समय पहरा बैठाना या अकारण शक करना छोड़ दें। शक दीमक की तरह रिश्ते को खोखला कर देता है।

२. एकांत का सम्मान: हर वक्त किसी के पीछे पड़े रहना प्रेम नहीं, बल्कि असुरक्षा है। परिवार के सदस्यों को उनका अपना 'एकांत' (निजी समय) बिताने दें।

आज मन ही मन संकल्प लें— "मैं अपने प्रियजनों को बांधूंगा नहीं, बल्कि उन्हें उड़ने के लिए आकाश दूंगा।"

।। बोध-वाक्य ।।

"प्रेम गगन का पंछी है,

पिंजरा रास न आए।

मुट्ठी में जो कैद करो,

तो दम घुट मर जाए।।"

(अर्थ : प्रेम आकाश में उड़ने वाले पक्षी की तरह है, जिसे पिंजरा (बंधन) पसंद नहीं आता। यदि इसे मुट्ठी में कैद करने की कोशिश करोगे, तो यह मर जाएगा। इसे केवल खुला छोड़कर ही जीवित रखा जा सकता है।)

।। सूत्र-सार ।।

"पक्षी को पिंजरे में बंद करके नहीं, बल्कि उसे खुले आसमान में छोड़कर ही यह परखा जा सकता है कि वह तुम्हारा है या नहीं। यदि वह लौट आए, तो तुम्हारा है; यदि न आए, तो वह कभी तुम्हारा था ही नहीं।"

सूत्र १८ :

दो अधूरे लोग

(दूसरों में खुशियाँ मत ढूँढो)

।। सूत्र ।।

"दो अधूरे लोग मिलकर कभी एक 'पूरा' रिश्ता नहीं बना सकते। यदि तुम भीतर से खाली और दुखी हो, तो तुम दूसरे से केवल सुख की कामना करोगे। और याद रखो, जब दो 'खाली' व्यक्ति मिलते हैं, तो वहां प्रेम नहीं, केवल कलह (झगड़ा) होता है।"

।। विवेचना ।।

संसार में सबसे बड़ा भ्रम यह है कि— "कोई और आएगा और मुझे खुश कर देगा।"

सत्य यह है कि आधा और आधा मिलकर एक नहीं, बल्कि दो आधे ही रहते हैं।

ज्यादातर रिश्ते इसलिए टूटते हैं या बोझ बन जाते हैं, क्योंकि हम अपनी खुशियों की चाबी दूसरे की जेब में डाल देते हैं। पति सोचता है पत्नी खुशी देगी, और पत्नी सोचती है पति खुशी देगा।

हकीकत में दोनों ही 'खाली हाथ' एक-दूसरे से मांग रहे हैं। जब दोनों ही मांगने वाले हैं, तो देगा कौन?

सच्चा प्रेम केवल दो 'भरे हुए' लोगों के बीच हो सकता है।

दूसरों में खुशियाँ ढूँढना रेगिस्तान में पानी ढूँढने जैसा है। जब आप अकेले में भी खुश रहना जानते हैं, जब आप भीतर से आनंदित होते हैं, तभी आप किसी और को प्रेम दे सकते हैं।

रिश्ता 'सुख मांगने' का नाम नहीं, बल्कि अपने भीतर के 'सुख को बांटने' का नाम है।

।। आत्म-साधना ।।

स्वयं को आत्मनिर्भर बनाने के लिए यह अभ्यास करें:

१. आत्म-प्रेम: दूसरों से उम्मीद करने से पहले, खुद से प्रेम करना सीखें। क्या आप अकेले एक कमरे में १

घंटा शांति से, बिना ऊबे बैठ सकते हैं? यदि नहीं, तो आप दूसरों के लिए भी बोझ बन जाएंगे।

२. दाता बनें: आज घर में या मित्रों के बीच यह सोचकर न जाएं कि "वे मेरे लिए क्या करेंगे?", बल्कि यह सोचें कि "आज मैं उन्हें क्या खुशी दे सकता हूँ?"

जब आप देने वाले बन जाते हैं, तो रिश्ते अपने आप सुधर जाते हैं।

।। बोध-वाक्य ।।

"सुख का सूरज भीतर है,

बाहर केवल छाँव।

दूजे में जो चैन तलाशे,

दुखते उसके पाँव।।"

(अर्थ : सुख और आनंद का असली स्रोत तुम्हारे अपने भीतर है, बाहर की दुनिया तो मात्र परछाई है। जो व्यक्ति दूसरों में शांति या खुशी ढूँढता फिरता है, उसे अंत में केवल थकान और दुःख ही मिलता है।)

।। सूत्र-सार ।।

"बैसाखियों के सहारे चलने वाले दो लोग, एक-दूसरे का सहारा नहीं बन सकते। एक-दूसरे का हाथ थामने के लिए, पहले अपने पैरों पर मजबूती से खड़ा होना आवश्यक है।"

सूत्र १९ :

मुखौटे का नृत्य

(रिश्तों में अभिनय नहीं, प्रेम कीजिए)

।। सूत्र ।।

"संसार एक रंगमंच हो सकता है, लेकिन परिवार नहीं। जो लोग अपनों के सामने भी 'मुखौटा' पहनकर मिलते हैं, वे कभी प्रेम नहीं पा सकते। रिश्ते 'अभिनय' से नहीं, बल्कि 'असली चेहरे' और सच्चाई से चलते हैं।"

।। विवेचना ।।

आजकल रिश्तों में दूरियां आने का सबसे बड़ा कारण यह है कि हम 'जैसे हैं' वैसे दिखते नहीं।

हम घर के भीतर भी एक अभिनेता की तरह व्यवहार करते हैं। ऊपर से मुस्कुराते हैं, जबकि भीतर क्रोध होता है। ऊपर से "जी हाँ" कहते हैं, जबकि मन में "ना" होता है।

जब आप चेहरे पर चेहरा (मुखौटा) लगाकर किसी से मिलते हैं, तो आप उसे धोखा नहीं दे रहे, बल्कि खुद को अकेला कर रहे हैं।

सामने वाला आपके 'मुखौटे' से रिश्ता बनाता है, 'आपसे' नहीं। जिस दिन वह मुखौटा उतरेगा, रिश्ता टूट जाएगा।

सच्चा प्रेम वहां होता है जहाँ आपको 'दिखावा' न करना पड़े।

जहाँ आप अपनी कमजोरी, अपनी गलती और अपने आंसू बिना किसी भय के दिखा सकें। यदि अपनों के बीच भी संभल-संभल कर रहना पड़े, तो वह घर नहीं, एक सराय है।

।। आत्म-साधना ।।

अपने रिश्तों को सच्चा बनाने के लिए 'पारदर्शिता' का नियम अपनाएं:

१. दिखावा छोड़ें: यदि आप दुखी हैं, तो कहिए कि "मैं दुखी हूँ"। यदि आप नाराज हैं, तो बताइये। झूठी मुस्कान रिश्तों में दीवार खड़ी कर देती है।

२. सहज बनें: घर में 'सर्वगुण संपन्न' बनने का नाटक न करें। अपनी कमियों को स्वीकार करें। जब आप अपना असली रूप दिखाते हैं, तभी सामने वाला भी अपना मुखौटा उतारता है।

।। बोध-वाक्य ।।

"चेहरे पर चेहरा लगा,

कब तक खेलोगे खेल?

सच्चाई से प्यार हो,

झूठ से हो न मेल।।"

(अर्थ : तुम अपनी असलियत छिपाकर और नकली चेहरा लगाकर कब तक नाटक करोगे? प्रेम का आधार केवल सच्चाई है, झूठ और बनावट से प्रेम का मिलन कभी नहीं हो सकता।)

।। सूत्र-सार ।।

"जिस प्रकार साफ़ पानी के आर-पार देखा जा सकता है, वैसा ही अपना स्वभाव रखो। क्योंकि जहाँ छिपाने को कुछ होता है, वहीं 'डर' होता है। और जहाँ डर है, वहाँ 'प्रेम' कभी नहीं ठहर सकता।"

सूत्र २० :

पारस और पत्थर

(जैसी संगति, वैसी रंगत)

।। सूत्र ।।

"मनुष्य उस जल की बूँद के समान है, जिसका अपना कोई रंग नहीं होता। यदि वह बूँद गर्म तवे पर गिरे, तो मिट जाएगी; यदि कमल के पत्ते पर गिरे, तो मोती की तरह चमकेगी; और यदि सीप के मुँह में गिरे, तो स्वयं 'मोती' बन जाएगी। तुम्हारा मूल्य तुम्हारी 'संगति' तय करती है।"

।। विवेचना ।।

जीवन का यह अटल सत्य है कि हम वैसे ही बन जाते हैं, जैसे लोगों के बीच हम रहते हैं।

अक्सर हम सोचते हैं कि हम बहुत समझदार हैं और दूसरों का प्रभाव हम पर नहीं पड़ेगा। यह हमारा अहंकार है।

याद रखिये, यदि आप पाँच 'मूर्खों' के साथ बैठेंगे, तो छठे मूर्ख आप होंगे। और यदि आप पाँच 'विद्वानों' (ज्ञानी लोगों) के साथ बैठेंगे, तो छठे विद्वान आप होंगे। संगत का असर धीरे-धीरे होता है, लेकिन निश्चित होता है।

'पारस' वह पत्थर है जिसके स्पर्श से लोहा भी सोना बन जाता है। अच्छी संगति पारस है।

वहीं दूसरी ओर, कोयले की खान में जाने वाला व्यक्ति चाहे जितने भी सफेद कपड़े पहन ले, उस पर कालिख (दाग) लग ही जाती है।

नकारात्मक व्यक्ति केवल अपना नुकसान नहीं करता, वह अपने साथ रहने वालों को भी डुबो देता है। जैसे एक सड़ा हुआ फल पूरी टोकरी के ताजे फलों को खराब कर देता है, वैसे ही एक गलत विचार वाला व्यक्ति पूरे परिवार की सुख-शांति भंग कर सकता है।

।। आत्म-साधना ।।

अपनी संगति सुधारने के लिए आज 'चयन का नियम' अपनाएं:

१. कठोर निर्णय: अपने मित्रों और उठने-बैठने वाले लोगों की सूची देखें। जो लोग आपको निराशा, आलस्य या बुराई की ओर ले जाते हैं, उनसे धीरे-धीरे दूरी बना लें। यह स्वार्थ नहीं, आत्म-रक्षा है।

२. श्रेष्ठ का संग: यदि आसपास अच्छे लोग न मिलें, तो अच्छी 'किताबों' को अपना मित्र बना लें। महापुरुषों के विचार ही दुनिया की सबसे अच्छी संगति हैं।

।। बोध-वाक्य ।।

"चंदन के जो पास रहे,

काठ (लकड़ी) भी महक जाए।

कोयले संग जो बैठे,

हाथ काले कर आए।।"

(अर्थ : जो साधारण लकड़ी चंदन के वृक्ष के पास रहती है, उसमें भी सुगंध आ जाती है। लेकिन जो कोयले के पास बैठता है, उसके हाथ और कपड़े काले होना निश्चित है।)

।। सूत्र-सार ।।

"बाज़ (गरुड़) की तरह ऊँचा उड़ना है, तो कबूतरों का साथ छोड़ना पड़ेगा। जो अपनी 'मण्डली' बदल लेता है, उसका 'भाग्य' अपने आप बदल जाता है।"

सूत्र २१ :

भरा हुआ कलश

(सेवा और दान : देने का सुख)

।। सूत्र ।।

"कुएं का पानी निकालने से कभी कम नहीं होता, बल्कि और निर्मल होकर आता है। यदि पानी निकालना बंद कर दोगे, तो वह सड़ जाएगा। उसी प्रकार, धन और ज्ञान बांटने से बढ़ते हैं और जमा करने से नष्ट हो जाते हैं।"

।। विवेचना ।।

प्रकृति का नियम है—'निरंतर बहना'।

नदी का पानी इसलिए शुद्ध रहता है क्योंकि वह लगातार बहता रहता है और दूसरों की प्यास बुझाता है। जिस दिन नदी बहना बंद कर दे, वह एक गंदा तालाब बन जाएगी।

मनुष्य का जीवन भी ऐसा ही है।

हम अक्सर अपनी तिजोरी भरने में लगे रहते हैं। हम सोचते हैं कि "मैं किसी को क्यों दूँ? मैंने मेहनत से कमाया है।"

लेकिन याद रखिये, जो हाथ देने के लिए उठते हैं, वे कभी खाली नहीं रहते। और जो मुट्ठी बंद रखते हैं, उनके पास जो है, वह भी रेत की तरह निकल जाता है।

दान केवल धन का नहीं होता।

किसी दुखी को दो मीठे बोल बोलना, किसी प्यासे को पानी पिलाना, या किसी भटकते हुए को रास्ता दिखाना—यह सब भी दान है। जब आप दूसरों के चेहरे पर मुस्कान लाते हैं, तो ईश्वर आपके जीवन को खुशियों से भर देता है।

।। आत्म-साधना ।।

हृदय को विशाल बनाने के लिए आज से 'गुल्लक का नियम' अपनाएं:

१. गुप्त दान: महीने में एक बार अपनी कमाई का एक छोटा सा हिस्सा किसी ऐसे व्यक्ति को दें जिसे

उसकी सख्त जरूरत हो। शर्त यह है कि देते समय किसी को पता न चले, और न ही आप उससे बदले में कुछ उम्मीद करें।

२. श्रम का दान: यदि धन नहीं दे सकते, तो समय दें। किसी वृद्ध की सेवा करें, किसी भूखे को भोजन कराएं या किसी सार्वजनिक स्थान की सफाई करें। अहंकार को मिटाने का यह अचूक उपाय है।

।। बोध-वाक्य ।।

"देने से घटता नहीं,

यह कुदरत की रीत।

बांट सके जो प्यार को,

वही है सच्ची जीत।।"

(अर्थ : यह प्रकृति का नियम है कि देने से कभी कुछ कम नहीं होता। जो व्यक्ति अपनी खुशियाँ और प्रेम दूसरों में बांटना जानता है, असल में वही जीवन की बाजी जीतता है।)

।। सूत्र-सार ।।

"जब एक दीपक से दूसरा दीपक जलाया जाता है, तो पहले दीपक की रोशनी कम नहीं होती, बल्कि उजाला दुगुना हो जाता है। देने से तुम कभी गरीब नहीं होगे, बल्कि और समृद्ध हो जाओगे।"

सूत्र २२ :

नींव और निर्माण

(संतान-परवरिश : बच्चों को सुविधा नहीं, संस्कार दें)

।। सूत्र ।।

"बड़े वृक्ष की घनी छाँव में उगने वाले पौधे कभी विशाल नहीं बन पाते, वे अक्सर बौने रह जाते हैं। संतान को 'सुविधाओं की छाँव' में छिपाकर मत रखो, उसे 'परिश्रम की धूप' भी लगने दो, तभी उसकी जड़ें पाताल तक और शाखाएं आकाश तक पहुंचेंगी।"

।। विवेचना ।।

आजकल माता-पिता का एक ही लक्ष्य बन गया है— "मेरे बच्चे को वो सब मिले, जो मुझे नहीं मिला।"

इस अंधाधुंध प्रेम में वे बच्चों के जीवन से 'संघर्ष' को पूरी तरह हटा देते हैं। वे अपनी संतान की राह से हर पत्थर और कांटा खुद हटा देना चाहते हैं।

लेकिन वे भूल जाते हैं कि तूफ़ान में वही पेड़ गिरते हैं, जिनकी जड़ें कमजोर होती हैं।

अत्यधिक सुविधाएं शरीर को आराम देती हैं, लेकिन आत्मा को पंगु (अपंग) बना देती हैं। जिस बच्चे ने कभी धूप नहीं देखी, वह छाँव का महत्व कैसे समझेगा? जिस बच्चे ने कभी 'ना' नहीं सुनी, वह जीवन की कठिनाइयों का सामना कैसे करेगा?

संतान को विरासत में धन-दौलत देने से बेहतर है कि उन्हें 'अच्छी आदतें' दी जाएं। धन चोरी हो सकता है, समाप्त हो सकता है, लेकिन अच्छे संस्कार जीवन भर रक्षा कवच बनकर साथ चलते हैं।

।। आत्म-साधना ।।

बच्चों की नींव पक्की करने के लिए ये दो कठोर नियम बनाएं:

१. आचरण ही शिक्षा है: याद रखें, बच्चे आपके 'शब्द' नहीं सुनते, वे केवल आपके 'कर्म' देखते हैं। यदि आप झूठ बोलते हैं, तो वे भी झूठ बोलेंगे। यदि आप बड़ों का सम्मान करते हैं, तो वे भी करेंगे। स्वयं उदाहरण बनें।

२. कठिनाई का अनुभव: बच्चे को हर छोटी मुसीबत से बचाने के लिए ढाल बनकर खड़े न हों। उन्हें गिरने दें और खुद उठने दें। जो ठोकर खाकर संभलना सीखता है, दुनिया की कोई ताकत उसे हरा नहीं सकती।

।। बोध-वाक्य ।।

"धन-दौलत के ढेर पर,

मत करना अभिमान।

संस्कार बिन पुत्र भी,

है माटी समान।।"

(अर्थ : केवल धन जमा करने पर घमंड मत करो। यदि तुम्हारी संतान के पास अच्छे संस्कार नहीं हैं, तो वह सारी संपत्ति और संतान दोनों मिट्टी के समान व्यर्थ हैं।)

।। सूत्र-सार ।।

"विरासत में संतानों को धन नहीं, बल्कि 'सद्‌गुण' देकर जाओ। क्योंकि योग्य संतान धन खुद कमा लेगी, लेकिन अयोग्य संतान तुम्हारा दिया हुआ धन भी नष्ट कर देगी।"

।। पंचम खंड : नव-सृजन (युवा-जीवन की आधारशिला) ।।

(भटकते हुए युवाओं और नई शुरुआत के लिए संजीवनी)

सूत्र २३ :

युवा-द्वंद्व (तूफानी उम्र)

(मन की उलझन : माता-पिता या मैं)

।। सूत्र ।।

"युवावस्था जीवन का वह तूफानी चौराहा है, जहाँ एक रास्ता 'सुरक्षा' (जो माता-पिता चाहते हैं) की ओर जाता है और दूसरा 'सपनों' (जो तुम चाहते हो) की ओर। याद रखो, बड़ों का विरोध करने से नहीं, बल्कि उनके अनुभव और अपने जोश में 'संतुलन' बनाने से ही सही दिशा मिलती है।"

।। विवेचना ।।

हर युवा के मन में एक युद्ध चलता है। वह कुछ नया करना चाहता है, आकाश में उड़ना चाहता है, लेकिन माता-पिता उसे "सुरक्षित" रखना चाहते हैं।

माता-पिता गलत नहीं हैं, वे तुम्हें गिरने से बचाना चाहते हैं। और तुम भी गलत नहीं हो, क्योंकि उड़े बिना तुम अपनी ताकत नहीं जान पाओगे।

समस्या तब आती है जब 'संवाद' (बातचीत) बंद हो जाता है और 'विवाद' (बहस) शुरू हो जाता है।

माता-पिता को अपना शत्रु मत समझो। वे वो 'जड़ें' हैं जिन्होंने तुम्हें थाम रखा है। जड़ों को काटकर कोई पेड़ ऊँचा नहीं हो सकता।

सच्ची सफलता वह नहीं है जहाँ तुम माता-पिता को हराकर अपनी बात मनवाओ। सच्ची सफलता वह है जहाँ तुम अपने काम से उन्हें इतना विश्वास दिला दो कि वे खुद तुम्हारे सपनों के पंख बन जाएं।

।। आत्म-साधना ।।

इस उलझन को सुलझाने के लिए:

१. संवाद, विवाद नहीं: जब भी मतभेद हो, तो आवाज ऊँची न करें। शांति से बैठाकर उन्हें समझाएं कि आप क्या करना चाहते हैं और क्यों? तर्क से जीती गई बहस रिश्ते हार जाती है, लेकिन प्रेम से समझाई गई बात दिल जीत लेती है।

२. परिणाम दिखाएं: केवल बातों से विश्वास नहीं जीता जाता। अपने काम में छोटी-छोटी सफलता

हासिल करके दिखाएं। जब माता-पिता आपकी मेहनत का फल देखते हैं, तो उनका डर गर्व में बदल जाता है।

।। बोध-वाक्य ।।

"बड़ों की सीख नींव है,

सपने तेरा आकाश।

नींव बिना जो घर बने,

हो जाए वो नाश।।"

(अर्थ : बड़ों का अनुभव मकान की नींव की तरह है और तुम्हारे सपने खुले आकाश की तरह। यदि नींव के बिना महल खड़ा करोगे, तो उसका गिरना निश्चित है। दोनों का मेल जरूरी है।)

।। सूत्र-सार ।।

"विद्रोह करके घर छोड़ना आसान है, लेकिन घर वालों को विश्वास में लेकर अपने सपने पूरे करना ही असली पुरुषार्थ है।"

सूत्र २४ :

दो रास्ते (अमृत और विष)

(क्षण भर के सुख और जीवन भर के दुख में भेद)

।। सूत्र ।।

"वह आकर्षण जो तुम्हें तुम्हारे लक्ष्य से भटका दे, वह 'मित्र' के वेश में आया हुआ 'शत्रु' है। याद रखना, जिस आनंद पर तुम्हारा नियंत्रण न हो, और जो आनंद तुम्हें अपना गुलाम बना ले, वह 'सुख' नहीं, बल्कि 'विनाश' का आरंभ है।"

।। विवेचना ।।

युवावस्था अपार ऊर्जा का नाम है। लेकिन अक्सर यह ऊर्जा वहां बहने लगती है, जहाँ ढलान होती है।

संसार में कुछ आकर्षण ऐसे हैं जो दूर से 'स्वर्ग' जैसे लगते हैं। वे तुम्हें बुलाते हैं, तुम्हें दो पल के लिए सब

कुछ भुला देने का वादा करते हैं। मन कहता है—
"बस एक बार आनंद लेने में क्या बुराई है?"

लेकिन यही वह जाल है।

जब तुम किसी 'बाहरी वस्तु' या 'क्षणिक उत्तेजना' के सहारे शांति ढूँढने लगते हो, तो तुम अपनी स्वतंत्रता खो देते हो।

सोचो, यदि कोई आदत, कोई तलब या कोई आकर्षण तुम्हें जब चाहे अपने इशारों पर नचाने लगे, तो तुम मालिक कहाँ रहे? तुम तो पराधीन (गुलाम) हो गए।

शुरुआत में लगता है कि तुम उस आदत का मज़ा ले रहे हो, लेकिन धीरे-धीरे वह आदत तुम्हारा मज़ा लेने लगती है। जो जंजीरें फूलों की दिखती हैं, वे लोहे से भी ज्यादा मजबूत होती हैं।

।। आत्म-साधना ।।

स्वयं को पहचानने के लिए यह कसौटी अपनाएं:

१. नियंत्रण की शक्ति: अपने आप से प्रश्न पूछें—
"क्या मैं इस आदत या इस सुख के बिना एक दिन भी रह सकता हूँ?" यदि उत्तर 'ना' है, तो समझ लेना कि

खतरे की घंटी बज चुकी है। तुम आनंद नहीं ले रहे, बल्कि फंस चुके हो।

२. एकांत का साहस: जब भी मन विचलित हो या गलत दिशा में भागे, तो भीड़ का हिस्सा न बनें। एकांत में बैठें और सोचें कि यह दो पल का सुख मुझसे बदले में मेरी कितनी 'आयु' और 'तेज' मांग रहा है?

।। बोध-वाक्य ।।

"देखने में जो फूल है,

भीतर है वो शूल।

दो पल की यह भूल ही,

बन जाती है भूल।।"

(अर्थ : जो आकर्षण बाहर से फूल जैसा कोमल और सुंदर दिखता है, उसके भीतर कांटे (शूल) छिपे हैं। जवानी में की गई दो पल की यही गलती, जीवन भर की सबसे बड़ी भूल (पछतावा) बन जाती है।)

।। सूत्र-सार ।।

"पक्षी जाल में इसलिए फंसता है क्योंकि उसकी नज़र 'जाल' पर नहीं, बल्कि बिखरे हुए 'दानों' पर होती है। तुम यह गलती मत करना; लालच के पीछे छिपे हुए शिकारी को पहचानना सीखो।"

सूत्र २५ :

शुभारंभ (पहला कदम)

(आजीविका और जीवन की ठोस शुरुआत कैसे करें)

।। सूत्र ।।

"सिंह को वन में राजा बनने के लिए किसी 'राज-तिलक' की आवश्यकता नहीं होती; वह अपने 'पराक्रम' से जहाँ बैठ जाता है, वही स्थान 'सिंहासन' बन जाता है। जीवन की शुरुआत किसी पद को पाने से नहीं, बल्कि स्वयं को इतना 'योग्य' बनाने से करो कि पद तुम्हें पाने के लिए तरसे।"

।। विवेचना ।।

युवावस्था की सबसे बड़ी भूल यह है कि हम 'सफल' होने की शीघ्रता में 'समर्थ' होना भूल जाते हैं।

हम सोचते हैं— "मुझे वह स्थान मिल जाए, तो मैं बड़ा बन जाऊंगा।"

यह सोच एक याचक की है, राजा की नहीं।

ठोस शुरुआत का अर्थ है— "भीड़ से अलग अपनी राह बनाना।"

भेड़ें हमेशा बनी-बनाई पगडंडी पर चलती हैं, क्योंकि वे डरी हुई होती हैं। किंतु सिंह अपना रास्ता स्वयं बनाता है।

यदि तुम जीवन में कुछ असाधारण करना चाहते हो, तो दूसरों के पद-चिन्हों पर चलना बंद करो।

अपनी रुचि, अपनी कला और अपने गुण को इतना निखारो कि तुम्हारे 'हस्ताक्षर' ही तुम्हारी पहचान बन जाएं। याद रखना, सूर्य को चमकने के लिए किसी दूसरे के दीपक की आवश्यकता नहीं होती।

।। आत्म-साधना ।।

अपने जीवन-सिंहासन को पाने के लिए:

१. नकल छोड़ें, असल बनें: यह देखें कि संसार क्या कर रहा है, किंतु वही करें जो आपकी अंतरात्मा गवाही दे। किसी और की 'प्रतिछाया' (नकल) बनने से

श्रेयस्कर है कि आप अपने जीवन के 'मौलिक लेखक' बनें।

२. शून्य से सृजन: यह मत देखिये कि आपके पास क्या 'नहीं' है। यह देखिये कि आपके पास क्या 'है' और आप उससे क्या खड़ा कर सकते हैं। बड़े-बड़े साम्राज्य शून्य से ही खड़े हुए हैं, केवल संकल्प अटूट होना चाहिए।

।। बोध-वाक्य ।।

"मांगे मिले न मान कभी,

मांगे मिले न भीख।

पुरुषार्थ से जो खड़ा,

जग लेता उससे सीख।।"

(अर्थ : मांगने से न तो कभी सच्चा सम्मान मिलता है और न ही संतुष्टि। जो व्यक्ति अपने कठोर परिश्रम (पुरुषार्थ) से अपना साम्राज्य खड़ा करता है, पूरा संसार उसी से सीख लेता है।)

।। सूत्र-सार ।।

"रास्ते बने-बनाए नहीं मिलते, उन्हें बनाना पड़ता है। जो चलता है, रास्ता उसी का है; और जो रुक कर प्रतीक्षा करता है, वह केवल धूल फांकता रह जाता है।"

सूत्र २६ :

हंस-विवेक (भीड़ और पहचान)

(संसार के बीच अपनी अलग पहचान बनाना)

।। सूत्र ।।

"जिस प्रकार राजहंस मिले हुए दूध और पानी में से केवल 'दूध' (सार) ग्रहण करता है और 'पानी' (निस्सार) छोड़ देता है, उसी प्रकार बुद्धिमान युवा इस संसार की भीड़ में से केवल 'गुण' ग्रहण करता है और 'दोष' त्याग देता है। भीड़ का हिस्सा मत बनो, बल्कि भीड़ के बीच अपनी एक अलग 'मिसाल' बनो।"

।। विवेचना ।।

संसार एक बहुत बड़ा बाजार है जहाँ हर तरह के विचार और लोग मिलते हैं।

समाज का दबाव हमेशा यही रहता है कि— "वही करो जो सब कर रहे हैं।"

यह दबाव व्यक्ति को भीड़ का एक हिस्सा बना देता है। भीड़ आपको सुरक्षा तो देती है, लेकिन वह आपसे आपकी 'पहचान' छीन लेती है।

ईश्वर ने हर मनुष्य के अंगूठे की छाप और हस्त-रेखाएं अलग बनाई हैं, जो यह संकेत है कि आप 'अद्वितीय' हैं। आप किसी और जैसा बनने के लिए नहीं जन्मे हैं।

यदि आप अपनी तुलना दूसरों से करते रहेंगे, तो आप सदा दुखी रहेंगे। सूर्य की तुलना दीपक से नहीं हो सकती और दीपक की तुलना सूर्य से नहीं। दोनों का अपना महत्व है।

सच्चा विवेक यह है कि हम दुनिया में रहें, सबकी सुनें, लेकिन अंधाधुंध नकल किसी की न करें। जो मछली धारा के साथ बहती है वह 'मृत' है, और जो धारा को चीरकर अपना रास्ता बनाती है वही 'जीवित' है।

।। आत्म-साधना ।।

अपनी पहचान बनाने के लिए:

१. नीर-क्षीर विवेक: हंस की भांति यह दृष्टि पैदा करें कि आपके आसपास क्या ग्रहण करने योग्य है और क्या त्यागने योग्य। कुसंगति और नकारात्मक विचारों

को उसी क्षण त्याग दें, जैसे हंस पानी को छोड़ देता है।

२. एकाकी साहस: यदि सत्य की राह पर अकेले चलना पड़े, तो डरें नहीं। इतिहास साक्षी है कि झुंड में शिकार करने वाले नहीं, बल्कि अकेले दहाड़ने वाले ही जंगल के राजा होते हैं। अपनी 'मौलिकता' (निजता) पर गर्व करें।

।। बोध-वाक्य ।।

"भीड़ चाल जो चल रहा,

खो देता पहचान।

हंस वृत्ति जो धारता,

पाता वही सम्मान।।"

(अर्थ : जो व्यक्ति भेड़-चाल चलता है और भीड़ के पीछे भागता है, वह अपना अस्तित्व खो देता है। किंतु जो हंस की तरह विवेक रखकर केवल अच्छाई चुनता है, वही संसार में सम्मान पाता है।)

।। सूत्र-सार ।।

"संसार तुम्हें 'ईंट' बनाना चाहता है ताकि तुम किसी दीवार में फिट हो सको, लेकिन तुम्हें 'हीरा' बनना है जो किसी सांचे में फिट नहीं होता, बल्कि सबसे अलग चमकता है।"

।। षष्ठ खंड : जीवन शिल्प (सुलझा हुआ जीवन) ।।

(रोजमर्रा की उलझनों को सुलझाने की कला)

सूत्र २७ :

धन का धर्म

(अर्थ का सही उपयोग और समझ)

।। सूत्र ।।

"धन जीवन रूपी रथ को चलाने के लिए केवल 'ईंधन' (साधन) है, जीवन का 'उद्देश्य' नहीं। जो वैभव को अपने 'चरणों' में रखता है, वह स्वामी कहलाता है; किंतु जो वैभव को अपने 'शीश' पर धारण कर लेता है, वह उसका दास बन जाता है।"

।। विवेचना ।।

संसार में सबसे गहरा भ्रम 'माया' (धन) को लेकर है।

मनुष्य सोचता है कि यदि वैभव आ जाएगा तो सब कुछ प्राप्त हो जाएगा। किंतु सत्य यह है कि वैभव से 'सुविधा' तो खरीदी जा सकती है, पर 'शांति' नहीं। इससे 'शय्या' (बिस्तर) तो मिल सकती है, पर 'निद्रा' नहीं।

धन का धर्म 'जल' के समान है—इसे निरंतर बहते रहना चाहिए। यदि जल एक स्थान पर रुक जाए तो सड़ जाता है, और यदि धन केवल तिजोरी में बंद हो जाए, तो वह मन में विकार उत्पन्न कर देता है।

स्मरण रहे, वैभव एक उत्तम 'सेवक' है, किंतु बहुत क्रूर 'स्वामी' है।

'लक्ष्मी' (समृद्धि) उसी द्वार पर ठहरती है जहाँ 'नियत' पवित्र हो। छल और अन्याय से अर्जित किया गया धन उस 'विष' के समान है, जो धीरे-धीरे कुल और चरित्र को नष्ट कर देता है।

।। आत्म-साधना ।।

समृद्धि के साथ पवित्र संबंध बनाने के लिए:

१. सात्विक अर्जन: यह संकल्प लें कि मेरे घर में वही अन्न और धन आएगा जो 'न्याय' और 'परिश्रम' का हो। अन्याय से अर्जित किया गया 'एक कण' भी 'पर्वत' समान संचित वैभव को भस्म करने की शक्ति रखता है।

२. सार्थक सहयोग (उत्थान): किसी के हाथ में केवल धन रख देने से वह कमजोर हो सकता है। अपने धन का उपयोग किसी को 'सक्षम' (समर्थ)

बनाने में करें। किसी को भोजन देने से बेहतर है उसे कोई 'हुनर' या 'साधन' देना, जिससे वह जीवन भर अपनी आजीविका स्वयं कमा सके। समाज में भिखारी नहीं, परिश्रमी लोग बढ़ाएं।

।। बोध-वाक्य ।।

"भारी नैया डूबती,

हल्का तीरे पार।

धन का बोझ उतारिये,

हो भवसागर पार।।"

(अर्थ : जिस नाव में वजन आवश्यकता से अधिक होता है, वह डूब जाती है, और जो हल्की होती है वह किनारे लग जाती है। उसी प्रकार, धन के लोभ का बोझ उतारने वाला ही इस जीवन-सागर को पार कर पाता है।)

।। सूत्र-सार ।।

"धन उस 'मुँह-जोर अश्व' (तेज़ घोड़े) के समान है, जिसकी लगाम कस कर रखनी पड़ती है। यदि लगाम

तुम्हारे हाथ में है, तो वह तुम्हें 'शिखर' पर ले जाएगा; और यदि लगाम छूट गई, तो वह तुम्हें 'खाई' में गिरा देगा।"

सूत्र २८ :

द्विविधा का अंत

(कठिन समय में सही निर्णय लेना)

।। सूत्र ।।

"संकट के समय मन का 'विचलित' (अस्थिर) होना स्वाभाविक है, किंतु विचलित मन कभी सत्य नहीं देख सकता। कठिन समय में निर्णय 'बुद्धि' से नहीं, बल्कि 'धैर्य' से लिया जाता है। जो तूफान में अपनी नाव स्थिर रखता है, वही उसे पार ले जाता है।"

।। विवेचना ।।

जीवन में कठिन समय वह है जब हमारे सामने दो रास्ते हों और दोनों ही दुर्गम लगें। इसे ही 'धर्म-संकट' कहते हैं।

ऐसे समय में व्यक्ति अक्सर भय या उतावली में गलत कदम उठा लेता है।

याद रखिये, भय सबसे बुरा सलाहकार है। कठिन समय में जब भी आपको दिशा न सूझे, तो सबसे पहले 'ठहरना' सीखें।

जैसे मटमैले जल को हिलाने से वह और दूषित हो जाता है, लेकिन उसे थोड़ी देर शांत छोड़ देने से मिट्टी नीचे बैठ जाती है और जल निर्मल हो जाता है।

उसी प्रकार, जब विपत्ति हो, तो तत्काल कोई कदम न उठाएं। मन को शांत होने दें। आवेश में लिया गया निर्णय अक्सर घातक होता है, लेकिन शांत चित्त से लिया गया निर्णय सुरक्षा कवच बन जाता है।

।। आत्म-साधना ।।

कठिन परिस्थिति में सही निर्णय तक पहुँचने के लिए:

१. भय-मुक्ति: निर्णय लेते समय विचार करें— "यदि मेरे मन में यह डर न होता, तो मैं क्या फैसला लेता?" अक्सर डर का पर्दा हटने के बाद ही सही मार्ग दिखाई देता है।

२. साक्षी-भाव: स्वयं को उस स्थिति से अलग करके देखें। विचार करें कि "यदि मेरा कोई प्रिय मित्र इस विपत्ति में होता, तो मैं उसे क्या परामर्श देता?" दूसरों

के लिए हमारी बुद्धि अधिक स्पष्ट होती है; वही निष्पक्ष सलाह स्वयं पर लागू करें।

।। बोध-वाक्य ।।

"मन पापी जब डोलता,

सूझे नहीं किनार।

धीरज की पतवार ले,

कर नैया तू पार।।"

(अर्थ : जब चंचल मन डोलने लगता है (घबराता है), तो उसे कोई किनारा नहीं दिखता। ऐसे संकट में उतावली छोड़कर 'धैर्य' रूपी पतवार को थामना चाहिए, तभी जीवन की नाव पार लगती है।)

।। सूत्र-सार ।।

"कुहासा (धुंध) कितना भी घना क्यों न हो, वह सूर्य को सदा के लिए नहीं ढक सकता। धैर्य रखो, हड़बड़ी में खाई में गिरने से श्रेयस्कर है कि कुहासा छंटने तक एक कदम रुक जाया जाए।"

सूत्र २९ :

सरलता का सौंदर्य

(सादगी : दिखावे से मुक्ति)

।। सूत्र ।।

"सच्ची 'समृद्धि' (रईसी) शोर नहीं मचाती। जो वास्तव में शक्तिशाली है, उसे सिद्ध करने के लिए 'दिखावे' का सहारा नहीं लेना पड़ता। शेर जंगल का राजा है, यह उसका 'तेज' बताता है, उसे गले में तख्ती लटकाकर घूमने की आवश्यकता नहीं होती।"

।। विवेचना ।।

जीवन एक उत्सव है, इसे मुरझाए फूल की तरह नहीं, बल्कि खिले हुए पुष्प की तरह जीना चाहिए।
साज-सज्जा और ऐश्वर्य जीवित व्यक्ति का लक्षण है, किंतु समस्या तब आती है जब व्यक्ति 'होने' से ज्यादा 'दिखने' का प्रयास करता है।

याद रखिये, सजावट 'सत्य' की होनी चाहिए, 'झूठ' की नहीं।

जब हम अपनी गाढ़ी कमाई और प्राण-ऊर्जा केवल दूसरों को ईर्ष्या दिलाने या उन्हें प्रभावित करने में लगा देते हैं, तो हम भीतर से खोखले होने लगते हैं। इसे ही 'मानसिक दरिद्रता' कहते हैं।

सरलता का अर्थ फटेहाल रहना नहीं है। इसका अर्थ है— "स्पष्टता"।

एक बुद्धिमान व्यक्ति अपनी शक्ति को अपने 'साम्राज्य' और 'व्यक्तित्व' को बनाने में लगाता है, न कि उसके झूठे प्रचार में। जब आपका काम बोलता है, तो आपको बोलने की आवश्यकता नहीं रहती।

।। आत्म-साधना ।।

अपने जीवन में सच्ची शक्ति लाने के लिए:

१. ऊर्जा का संरक्षण: दिखावे में बहुत शक्ति खर्च होती है। स्वयं से प्रश्न करें— "मैं यह काम अपनी खुशी के लिए कर रहा हूँ या समाज को दिखाने के लिए?" जो कार्य केवल दिखाने के लिए हो, उसे त्याग दें; इससे आपकी प्राण-शक्ति बचेगी।

२. मौलिक बनें: दूसरों की नकल करना 'कागज के फूल' बनने जैसा है जिसमें रंग तो है पर सुगंध नहीं। अपनी असली पहचान के साथ जिएं। आपकी स्वाभाविकता ही आपका सबसे बड़ा आभूषण है।

।। बोध-वाक्य ।।

"थोथा चना बाजे घना,

पूरा शांत सुजान।

गहरी नदिया मौन रहे,

शोर मचाये उफान।।"

(अर्थ : जिस चने में सार नहीं होता वह हिलाने पर बहुत बजता है, लेकिन ठोस अनाज शांत रहता है। उसी प्रकार, गहरी नदी शांति से बहती है, जबकि उथले नाले बरसात में बहुत शोर मचाते हैं।)

।। सूत्र-सार ।।

"सूर्य को कभी यह बताने की जरुरत नहीं पड़ती कि 'मैं गर्म हूँ'। उसका 'तेज' ही उसका परिचय है। तुम अपने कर्मों में इतना 'ताप' पैदा करो कि तुम्हें मुख से अपनी प्रशंसा न करनी पड़े।"

सूत्र ३० :

व्यवस्था का नियम

(बाहरी सफाई से भीतरी शांति)

।। सूत्र ।।

"बाहरी वातावरण मन का दर्पण है। जिस स्थान पर वस्तुएं बिखरी और अस्त-व्यस्त होती हैं, वहां रहने वाले व्यक्ति के विचार भी कभी स्थिर नहीं रह सकते। बाहर की सफाई ही भीतर की शांति का पहला द्वार है।"

।। विवेचना ।।

हम अक्सर सोचते हैं कि मन अशांत क्यों है? इसका एक बड़ा कारण हमारी आँखों के सामने फैला हुआ 'कबाड़' होता है।

जब हम एक मलिन और बिखरे हुए कक्ष में बैठते हैं, तो आँखों के रास्ते वह 'अव्यवस्था' हमारे चित्त में उतर जाती है।

इसे 'प्राण-ऊर्जा' के नियम से समझिये:

हर वस्तु की अपनी एक तरंग होती है। टूटी-फूटी वस्तुएं, जीर्ण-शीर्ण वस्त्र, और धूल-मिट्टी—ये सब 'नकारात्मक ऊर्जा' छोड़ते हैं।

जब आपका निवास स्थान सुव्यवस्थित होता है, तो वहाँ वायु और ऊर्जा बिना किसी बाधा के बहती है।

किंतु जब घर में अनावश्यक वस्तुओं का ढेर हो, तो ऊर्जा रुक जाती है, दूषित होने लगती है और वही दूषित ऊर्जा स्वभाव में 'चिड़चिड़ापन' और 'आलस' उत्पन्न करती है।

याद रखिये, ईश्वर और लक्ष्मी वहीं वास करते हैं जहाँ स्वच्छता और अनुशासन हो। गंदगी दरिद्रता और कलह को निमंत्रण देती है।

।। आत्म-साधना ।।

मन और जीवन को सुलझाने के लिए:

१. व्यर्थ का त्याग: अपने घर और कक्ष का अवलोकन करें। जो वस्तु पिछले ६ माह से उपयोग में नहीं आई है और भविष्य में भी नहीं आएगी, उसे या तो किसी जरूरतमंद को दान कर दें या हटा दें। जब 'पुराना' जाएगा, तभी जीवन में कुछ 'नया' आएगा। रिक्त स्थान ही नई ऊर्जा को आमंत्रित करता है।

२. शैया (बिस्तर) का नियम: प्रातः उठते ही सबसे पहले अपना बिस्तर समेटें। यह दिन का प्रथम कार्य है। जब आप दिन का आरंभ एक 'व्यवस्था' से करते हैं, तो शेष दिन भी अनुशासित रहता है।

।। बोध-वाक्य ।।

"घर को मंदिर मानिए,

रखिए निर्मल द्वार।

जहाँ व्यवस्था वास करे,

वहीं सुखी संसार।।"

(अर्थ : अपने निवास स्थान को मंदिर की तरह पवित्र मानें। जहाँ सफाई और अनुशासन होता है, वहीं सुख और समृद्धि का वास होता है; कूड़े के ढेर पर कभी सिंहासन नहीं लगता।)

।। सूत्र-सार ।।

"यदि तुम अपना छोटा सा कक्ष व्यवस्थित नहीं रख सकते, तो अपने जीवन की बड़ी उलझनों को सुलझाने का स्वप्न देखना व्यर्थ है। बड़ी जीत का आरंभ अपनी मेज और बिस्तर को सुधारने से होता है।"

सूत्र ३१ :

जीवन उत्सव

(छोटी-छोटी खुशियों को जीने की कला)

।। सूत्र ।।

"जीवन कोई 'समस्या' नहीं है जिसे सुलझाना है, बल्कि यह एक 'उत्सव' है जिसे प्रतिपल जीना है। जो व्यक्ति भविष्य की बड़ी 'सिद्धि' के लिए आज की छोटी प्रसन्नता का त्याग कर देता है, वह अंत में रिक्त हस्त (खाली हाथ) रह जाता है।"

।। विवेचना ।।

संसार में सबसे बड़ा भ्रम यह है कि "सुख कल मिलेगा।"

हमारा मन हमेशा शर्तों पर जीता है— "जब मैं सफलता के 'शिखर' पर पहुँच जाऊँगा, तब मैं प्रसन्न

होऊँगा" या "जब मेरे पास अपार 'वैभव' (धन) एकत्र हो जाएगा, तब मैं विश्राम करूँगा।"

यही सोच जीवन को नीरस बना देती है। क्योंकि शिखर पर पहुँचने और वैभव आने तक, आपके आनंद लेने की क्षमता ही क्षीण (खत्म) हो चुकी होती है।

याद रखिये, आनंद कोई मंजिल नहीं है, यह यात्रा का ढंग है।

बड़ी घटनाएं (पद, प्रतिष्ठा, विजय) जीवन में उंगलियों पर गिनने लायक ही होती हैं। लेकिन छोटी खुशियां (धूप, वर्षा, भोजन, अपनों का साथ) नित्य मिलती हैं। जो इन छोटी बूंदों को नहीं पी सकता, वह प्यासा ही मरेगा।

ईश्वर ने हमें यह जीवन 'रोने' या केवल 'ढोने' के लिए नहीं दिया, बल्कि इसे 'मनाने' के लिए दिया है। गंभीर होना उत्तम है, पर उदास होना अपराध है।

।। आत्म-साधना ।।

जीवन को उत्सव बनाने के लिए:

१. ठहरना सीखें: भागदौड़ भरे जीवन में दिन में कुछ पल केवल 'रुकने' के लिए निकालें। आकाश को देखें, प्रकृति को सुनें, या अपने परिजनों के साथ बिना किसी उद्देश्य के बैठें। यह ठहराव आपकी 'प्राण-शक्ति' को पुनः संचारित कर देगा।

२. भोजन का उत्सव: जब भोजन करें, तो अन्य किसी कार्य में ध्यान न लगाएं। केवल अन्न के स्वाद और उसे पकाने वाले के परिश्रम का अनुभव करें। जो व्यक्ति शांति से भोजन नहीं कर सकता, वह जीवन में कभी शांत नहीं हो सकता।

।। बोध-वाक्य ।।

"छिन-छिन जो जी लेता है,

वही बड़ा धनवान।

कल की चिंता में खोया,

मूरख है इंसान।।"

(अर्थ : जो व्यक्ति हर पल (क्षण) को पूरी तरह जी लेता है, वही असली अमीर है। जो केवल कल की चिंता में आज को खो देता है, उससे बड़ा मूर्ख कोई नहीं है।)

।। सूत्र-सार ।।

"जो व्यक्ति मिट्टी के पात्र में जल पीने का आनंद नहीं ले सकता, उसे यदि स्वर्ण-पात्र (सोने का बर्तन) भी दे दिया जाए, तो वह सुखी नहीं हो पाएगा। आनंद वस्तु में नहीं, व्यक्ति के दृष्टिकोण में होता है।"

भाग ४ : शक्ति और सिद्धि (सामर्थ्यवान बनना)

।। सप्तम खंड : सामर्थ्य-सिद्धि (बल और स्वास्थ्य) ।।

(शारीरिक और मानसिक ओज)

सूत्र ३२ :

अन्न और मन

(सात्विक आहार और दिनचर्या)

।। सूत्र ।।

"सावधान! प्रत्येक ग्रास जो तुम्हारे भीतर जाता है, वह केवल उदर नहीं भरता, बल्कि तुम्हारी 'चेतना' का निर्माण करता है। तुम्हारी नाभि मस्तिष्क से अधिक जागृत और संवेदनशील है। यदि तुम इस पवित्र 'अग्निकुंड' में 'प्राण-हीन' (अशुद्ध) अन्न डालोगे, तो तुम्हारी सोचने और महसूस करने की दिव्य शक्ति सदा के लिए नष्ट हो जाएगी।"

।। विवेचना ।।

'स्वयं संहिता' तुम्हें वह सत्य बताती है जिस पर आधुनिक विज्ञान और प्राचीन ऋषि दोनों एकमत

हैं—सत्य का पहला अहसास मस्तिष्क को नहीं, उदर (पेट) को होता है।

१. विज्ञान और अध्यात्म का संगम: जिसे आज का विज्ञान भी 'द्वितीय मस्तिष्क' कहकर स्वीकार रहा है, उसे ही हमारे ऋषियों ने हजारों वर्ष पूर्व 'मणिपुर चक्र' और 'प्राण-केंद्र' कहा था।

२. नाभि की श्रेष्ठता: तर्क करना सिर (मस्तिष्क) का कार्य है, किंतु 'रक्षा' करना नाभि का कार्य है। जब भी जीवन पर कोई संकट आता है, तो मस्तिष्क के सोचने से पूर्व ही नाभि में हलचल आरम्भ हो जाती है। यह सिद्ध करता है कि नाभि की बुद्धि मस्तिष्क से तीव्र है।

३. विनाश का कारण: जब मनुष्य केवल स्वाद के वश में होकर 'प्राण-हीन' (बहुत समय का रखा हुआ या कृत्रिम) भोजन ग्रहण करता है, तो वह अपनी नाभि की इस 'दैवीय संवेदनशीलता' को विषैला कर देता है। ऐसा व्यक्ति अपना 'अंतर्ज्ञान' खो बैठता है और जीवन भर भ्रम में जीता है।

।। आत्म-साधना ।।

अन्न ग्रहण करने का कठोर नियम:

१. द्वारपाल की नियुक्ति: ग्रास उठाने से पूर्व एक क्षण रुकें और उसका 'परीक्षण' करें— "क्या यह भोजन 'मृत' है या 'जीवित'? क्या यह मेरे भीतर 'देवत्व' जगाएगा या 'पशुता'?"

२. नाभि का संकेत: भोजन के पश्चात यदि उदर में भारीपन या मन में ग्लानि हो, तो समझ लें कि आपके शरीर ने उस अन्न को 'विष' मानकर अस्वीकार कर दिया है। उस संकेत का आदर करें और पुनः वह भूल न करें।

।। बोध-वाक्य ।।

"नाभि केंद्र है प्राण का,

मस्तिष्क से है तेज।

जैसा ईंधन डालिए,

वैसा पावे ओज।।"

(अर्थ : नाभि ही प्राणों का असली केंद्र है, यह मस्तिष्क से भी अधिक तेज है। जैसा ईंधन यानी अन्न तुम इसमें डालोगे, वैसी ही चमक और शक्ति तुम्हें प्राप्त होगी।)

।। सूत्र-सार ।।

"जो अपनी जिह्वा (स्वाद) का दास है, उसकी नाभि कभी स्वामी नहीं बन सकती। भोजन को केवल शरीर का ईंधन न समझें, यह आपके भाग्य और बुद्धि का निर्माता है।"

सूत्र ३३ :

जड़ों की ओर

(प्रकृति और मिट्टी से जुड़ना)

।। सूत्र ।।

"वृक्ष कितना भी विशाल क्यों न हो, यदि उसकी जड़ें मिट्टी छोड़ दें, तो उसका सूखना निश्चित है। ठीक उसी प्रकार, मनुष्य कृत्रिम (बनावटी) दीवारों में कैद होकर अपनी 'प्राण-शक्ति' खो बैठा है। यह शरीर पंच-तत्वों से बना है, यदि इसे उन तत्वों का सीधा स्पर्श न मिले, तो यह जीवित तो रहता है, किंतु 'ऊर्जा-विहीन' होकर।"

।। विवेचना ।।

'स्वयं संहिता' का मत है कि मनुष्य की अनेक व्याधियों (रोगों) का कारण यह है कि उसने अपनी

'माता' (धरती) और 'पिता' (आकाश) से अपना नाता तोड़ लिया है।

१. ऊर्जा का नियम: यह शरीर एक 'यंत्र' है और प्रकृति इसकी 'प्राण-स्रोत' है। जिस प्रकार स्रोत से कटने पर प्रवाह रुक जाता है, उसी प्रकार प्रकृति से विमुख होने पर शरीर में प्राणों का संचार धीमा पड़ जाता है।

२. विच्छेद का परिणाम: आज मनुष्य ने अपने और धरती के बीच इतने 'आवरण' (परतें) चढ़ा लिए हैं कि उसके चरणों को महीनों तक 'शुद्ध मिट्टी' का स्पर्श दुर्लभ हो गया है। इस अलगाव के कारण शरीर में जो 'विकार' और 'तनाव' उत्पन्न होता है, उसे बाहर निकलने का मार्ग नहीं मिलता।

३. प्रकृति ही वैद्य है: स्मरण रहे, औषधियाँ केवल लक्षणों को दबाती हैं, किंतु स्थायी आरोग्य (स्वास्थ्य) केवल प्रकृति की गोद में मिलता है।

।। आत्म-साधना ।।

खोई हुई शक्ति वापस पाने के उपाय:

१. भू-स्पर्श: नियम बनाएं कि दिन का कुछ समय नंगे पैर हरी घास या कच्ची मिट्टी पर व्यतीत करें। धरती में वह आकर्षण शक्ति है जो आपके शरीर के सारे विकार और ताप को सोख लेती है।

२. मुक्त वायु: बंद कक्षों की 'रुकी हुई वायु' का त्याग करें और खुले आकाश के नीचे प्राकृतिक वायु का सेवन करें। यह आपके फेफड़ों को ही नहीं, विचारों को भी शुद्ध करता है।

।। बोध-वाक्य ।।

"माटी का यह देह है,

माटी से ही प्रीत।

जड़ें जो अपनी छोड़ दे,

हारे वह हर जीत।।"

(अर्थ : यह शरीर मिट्टी का बना है, इसे मिट्टी से ही प्रेम होना चाहिए। जो पेड़ रूपी मनुष्य अपनी जड़ों को छोड़ देता है, वह जीवन की हर बाजी हार जाता है, चाहे वह कितना भी ऊँचा क्यों न चढ़ जाए।)

।। सूत्र-सार ।।

"सप्ताह में एक दिन 'नागरिक' नहीं, 'प्राकृतिक' बनकर जियो। जो अपनी माँ (धरती) के स्पर्श से दूर है, वह कभी भी पूर्णतः स्वस्थ और तेजस्वी नहीं हो सकता।"

सूत्र ३४ :

ओज का रक्षण

(ब्रह्मचर्य और ऊर्जा की बचत)

।। सूत्र ।।

"जैसे दीपक को प्रज्वलित रहने के लिए 'तैल' (तेल) की आवश्यकता होती है, वैसे ही शरीर और मस्तिष्क को तेजस्वी बने रहने के लिए 'प्राण-शक्ति' (सप्तम-धातु) की आवश्यकता होती है। जो अज्ञानी क्षणिक सुख के लिए शरीर के इस 'अनमोल-रत्न' को व्यर्थ गँवा देता है, वह अपने जीवन के 'तेज' को अपने ही हाथों से नष्ट कर देता है।"

।। विवेचना ।।

'स्वयं संहिता' स्पष्ट करती है कि यह ऊर्जा केवल संतान उत्पत्ति का साधन नहीं है, बल्कि यह शरीर का

वह 'कच्चा माल' है जिससे तुम्हारी बुद्धि और बल का निर्माण होता है।

१. सप्तम-धातु का रहस्य: आयुर्वेद का अटल सत्य है कि भोजन पचने के बाद रस, रक्त, मांस, मेद, अस्थि और मज्जा बनने के पश्चात अंत में जो 'परम-सार' बनता है, वही यह 'सप्तम-धातु' है। यह शरीर की सबसे दुर्लभ कमाई है, इसे बनने में महीनों लगते हैं, पर गंवाने में एक पल।

२. अपव्यय का परिणाम: जो व्यक्ति इसे व्यर्थ के भोग-विलास में बहा देता है, उसकी आँखों की चमक लुप्त हो जाती है, स्मरण शक्ति क्षीण (कमजोर) हो जाती है और मन में सदैव भय बना रहता है। ऐसा खोखला व्यक्ति जीवन के संग्राम में कभी नहीं जीत सकता।

३. ऊर्ध्वगमन (ऊपर उठना): यदि इस शक्ति का संयम किया जाए, तो यही ऊर्जा 'ओज' बनकर चेहरे पर चमक और वाणी में प्रभाव उत्पन्न करती है। इसी से साधारण मनुष्य 'महामानव' बनता है।

।। आत्म-साधना ।।

अपनी शक्ति को संरक्षित करने के उपाय:

१. नेत्र संयम: वासना का जन्म शरीर में नहीं, नयनों (आँखों) में होता है। अश्लील दृश्यों से अपनी दृष्टि की रक्षा करें। जो नयनों पर नियंत्रण रखता है, उसका मन स्वतः ही नियंत्रित हो जाता है।

२. संकल्प की अग्नि: रिक्त (खाली) मस्तिष्क ही पतन का कारण है। अपनी ऊर्जा को कठोर परिश्रम, व्यायाम या साधना में लगाएं। पसीना बहाने वाले की ऊर्जा कभी गलत मार्ग पर नहीं जाती।

।। बोध-वाक्य ।।

"बूँद-बूँद में जीवन है,

बूँद-बूँद में शक्ति।

मूर्ख इसको व्यर्थ गंवाए,

ज्ञानी पाए मुक्ति।।"

(अर्थ : इस शक्ति की एक-एक बूँद में जीवन छिपा है। अज्ञानी इसे वासना में बहा देता है, जबकि ज्ञानी इसे रोककर महान बन जाता है।)

।। सूत्र-सार ।।

"यदि तुम संसार में सूर्य की भांति चमकना चाहते हो, तो अपने भीतर के इस 'तैल' को बचाना सीखो। बुझे हुए दीपक का कोई मोल नहीं होता, केवल जलते हुए दीपक को ही संसार नमन करता है।"

सूत्र ३५ :

अद्वितीय कौशल

(इतने काबिल बनो कि संसार को तुम्हारी आवश्यकता हो)

।। सूत्र ।।

"संसार में सम्मान केवल 'शरीर' का नहीं, उसके भीतर छिपे 'गुण' का होता है। यदि हमारे भीतर वह 'विशेषता' है जो अन्य किसी के पास नहीं, तो संसार विवश होकर हमारे महत्व को स्वीकार करेगा। कड़वा सत्य यह है कि यदि हमारा 'स्थान' कोई और आसानी से ले सकता है, तो हमारी कोई कीमत नहीं है। इसलिए भीड़ का हिस्सा मत बनो, बल्कि स्वयं को इतना 'दुर्लभ' बनाओ कि तुम्हारा कोई विकल्प ही न हो।"

।। विवेचना ।।

'स्वयं संहिता' हमें शक्ति का एक सूत्र देती है—संसार को हमारी 'आवश्यकता' तभी होगी, जब हम सबसे 'अनोखे' होंगे।

१. अनोखापन ही शक्ति है: इस भीड़ में 'एक और' बनकर जीना व्यर्थ है। हमें अपनी पहचान ऐसी बनानी चाहिए कि लोग कहें—"यह काम तो केवल वही कर सकता है।" जब हम 'अद्वितीय' (जिसके जैसा दूसरा न हो) बन जाते हैं, तो हम दुनिया की मजबूरी और जरूरत बन जाते हैं

२. एक साधे, सब सधे: बहुत से लोग 'सब कुछ' जानने के मोह में साधारण रह जाते हैं। सूर्य की किरणें जब एक बिंदु पर केंद्रित होती हैं, तभी अग्नि जलाती हैं। उसी प्रकार, हमें अपने भीतर किसी 'एक कला' को इतना निखारना चाहिए कि उसमें हमें कोई हरा न सके।

३. श्रेष्ठता का नियम: 'औसत' (साधारण) होना एक पाप है। या तो किसी हुनर को हाथ मत लगाओ, और यदि लगाओ, तो उसे उस 'पराकाष्ठा' (ऊंचाई) तक ले जाओ कि देखने वाला दंग रह जाए।

।। आत्म-साधना ।।

अपने मूल्य को बढ़ाने के उपाय:

१. आत्म-मंथन: एकांत में बैठकर स्वयं से प्रश्न करें— "मेरे भीतर वह कौन सा बीज है जो वृक्ष बन सकता है?" अपनी उस खास रूचि को पहचानें और अपनी पूरी 'प्राण-शक्ति' उसी को निखारने में लगा दें।

२. निरंतर अभ्यास: लोहे को तपाने और पीटने से ही वह तलवार बनता है। अपने हुनर को अभ्यास की

आग में तब तक तपाओ जब तक कि वह दूसरों के लिए 'जादू' न बन जाए।

।। बोध-वाक्य ।।

"दस नावों की जो सवारी करता,

डूबता वही मझधार में।

एक साधे जो लक्ष्य अपना,

जीते वही संसार में।।"

(अर्थ : जो व्यक्ति एक साथ कई कामों में भटकता है, वह असफल होता है। जो अपना पूरा ध्यान एक ही हुनर पर लगाता है, वही संसार में विजय प्राप्त करता है।)

।। सूत्र-सार ।।

"दूसरों की लकीर छोटी करने के बजाय, अपनी लकीर बड़ी करने पर ध्यान दो। जब सूर्य चमकता है, तो उसे अपना परिचय देने के लिए किसी दीपक से लड़ना नहीं पड़ता।"

सूत्र ३६ :

रहस्य का आवरण

(गोपनीयता : अपने भेद मत खोलो)

।। सूत्र ।।

"जैसे बीज को विशाल वृक्ष बनने के लिए मिट्टी के नीचे 'छिपे' रहने की आवश्यकता होती है, वैसे ही हमारी योजनाओं को सफल होने के लिए 'गोपनीयता' (पर्दे) की आवश्यकता होती है। जो व्यक्ति फल आने से पहले ही अपनी जड़ें सबको दिखा देता है, उसका कार्य कभी पूर्ण नहीं होता। इसलिए अपनी शक्ति और संकल्प को रहस्य के आवरण में ढककर रखना ही बुद्धिमानी है।"

।। विवेचना ।।

'स्वयं संहिता' हमें चेतावनी देती है कि 'खुली किताब' बनना मूर्खता है।

१. संकल्प की अग्नि: जब हम अपनी योजना सबको बता देते हैं, तो कार्य करने का सारा 'उत्साह' बातों में ही निकल जाता है। जैसे खुले बर्तन का भोजन ठीक से नहीं पकता, वैसे ही ढिंढोरा पीटने से हमारे संकल्प की 'आंच' ठंडी पड़ जाती है। मौन रहने से ही भीतर की शक्ति संचित (इकट्ठा) होती है।

२. बाधाओं का आमंत्रण: संसार में शुभचिंतक कम और ईर्ष्या करने वाले अधिक हैं। जब हम अपने लक्ष्य का बखान करते हैं, तो हम अनजाने में ही अपने विरोधियों को सतर्क कर देते हैं, जो हमारे मार्ग में कांटे बिछा सकते हैं।

३. कुदृष्टि (नजर दोष): यह सत्य है कि जब बहुत से लोगों की अपूर्ण और ईर्ष्यालु दृष्टि हमारे अधूरे कार्य पर पड़ती है, तो बना-बनाया काम भी बिगड़ जाता है। इसे ही साधारण भाषा में 'नजर लगना' कहते हैं।

।। आत्म-साधना ।।

गोपनीयता का अभ्यास:

१. मौन साधना: यह नियम बना लें कि जब तक परिणाम हाथ में न आ जाए, तब तक अपनी अगली योजना किसी को नहीं बताएंगे। अपनी खुशी और दुख भी हर किसी के साथ साझा न करें।

२. अदृश्य परिश्रम: ऐसे काम करें कि लोगों को भनक भी न लगे। उन्हें केवल तब पता चले जब आप जीत जाएं।

।। बोध-वाक्य ।।

"मूरख अपनी बात को,

कहे डुगडुगी पीट।

ज्ञानी मन में राखिए,

पावे तब ही जीत।।"

(अर्थ : मूर्ख व्यक्ति डुगडुगी पीटकर अपनी योजना सबको बता देता है और हार जाता है। ज्ञानी व्यक्ति उसे मन में छिपाकर रखता है, इसीलिए वह जीत हासिल करता है।)

।। सूत्र-सार ।।

"अपने भेद को अंत तक छिपाकर रखो। गरजने वाले बादल बरसते नहीं हैं, वज्रपात हमेशा 'मौन' रहकर ही गिरता है। अपनी सफलता को शोर मचाने दो, अपनी योजनाओं को नहीं।"

सूत्र ३७ :

वज्र समान हृदय

(भावनाओं पर कठोर नियंत्रण)

।। सूत्र ।।

"संसार दुर्बलों को सताता है और बलवानों की पूजा करता है। यदि हमारा हृदय 'मोम' की भाँति होगा, तो कोई भी उसे पिघलाकर हमें अपने साँचे में ढाल लेगा। जीवन-समर (युद्ध) में विजय उसकी नहीं होती जो भावुक होकर रो पड़ता है, विजय उसकी होती है जिसका हृदय कर्तव्य-पालन के समय 'वज्र' (कठोर) के समान अटल रहता है।"

।। विवेचना ।।

'स्वयं संहिता' हमें सिखाती है कि भावनाएं जीवन का 'रस' हैं, किंतु निर्णय लेते समय वे 'विष' बन जाती हैं।

१. बुद्धि बनाम भावना: जब हम केवल भावनाओं में बहकर निर्णय लेते हैं, तो अक्सर धोखा खाते हैं। मूर्ख व्यक्ति 'दिल' से सोचता है, जबकि समझदार व्यक्ति 'बुद्धि' (विवेक) से। हमें अपनी भावनाओं का स्वामी बनना चाहिए, दास नहीं।

२. आंसुओं का मोल: जो बात-बात पर आंसू बहाता है या दुखी हो जाता है, संसार उसे 'नेकदिल' नहीं, अपितु 'कमजोर' समझता है। हमारी करुणा (दया) पात्र को देखकर ही प्रकट होनी चाहिए। हर किसी पर दया करना अपनी ही शक्ति का नाश करना है।

३. कठोरता ही कवच है: जिस प्रकार कछुआ अपनी कोमल त्वचा को कठोर कवच के नीचे छिपाकर रखता है, उसी प्रकार हमें अपनी कोमल भावनाओं को अपने कठोर अनुशासन के नीचे छिपाकर रखना चाहिए।

।। आत्म-साधना ।।

हृदय को सुदृढ़ बनाने के उपाय:

१. विलंबित प्रतिक्रिया (रुककर जवाब देना): जब भी बहुत क्रोध आए या बहुत प्रेम उमड़े, तो तुरंत कोई निर्णय न लें। २४ घंटे रुक जाएं। भावना का ज्वार उतरने के बाद ही बुद्धि सही निर्णय लेगी।

२. ना कहना सीखें: संकोच में पड़कर दूसरों की 'हाँ' में 'हाँ' मिलाना कायरता है। यदि बात हमारे हित में नहीं है, तो स्पष्ट और कठोरता से 'ना' कहने का साहस जुटाएं।

।। बोध-वाक्य ।।

"नयनन में हो नीर तो,

जगत न पूछे बात।

पत्थर दिल जो हो रहे,

जग जोड़े दोउ हाथ।।"

(अर्थ : यदि आँखों में आंसू होंगे, तो दुनिया कोई बात नहीं पूछेगी और कमजोर समझेगी। जो अपने दिल को पत्थर (मजबूत) बनाकर खड़ा रहता है, दुनिया उसी के आगे हाथ जोड़ती है।)

।। सूत्र-सार ।।

"दयालु होना अच्छा है, किंतु इतना सरल मत बनो कि लोग तुम्हारा उपयोग 'सीढ़ी' की तरह करके आगे बढ़ जाएं और तुम वहीं रह जाओ।"

सूत्र ३८ :

सिंह-वृत्ति

(भीड़ में नहीं, अकेले चलने का साहस)

।। सूत्र ।।

"झुंड में चलना 'भेड़' का स्वभाव है, क्योंकि उसे भय लगता है; किंतु अकेले विचरण करना 'सिंह' (शेर) का स्वभाव है, क्योंकि उसे अपने बाहुबल पर विश्वास होता है। यदि हमें जीवन में शिखर पर पहुँचना है, तो हमें भीड़ का साथ छोड़कर अकेले चलने का साहस जुटाना होगा। स्मरणीय है कि राजमार्ग पर सदैव भीड़ होती है, किंतु शिखर (चोटी) पर केवल 'एकांत' ही मिलता है।"

।। विवेचना ।।

'स्वयं संहिता' हमें भीड़तंत्र से बाहर निकलकर अपनी अलग पहचान बनाने को कहती है।

१. भीड़ का भ्रम: भीड़ हमें 'सुरक्षा' का झूठा अहसास देती है, लेकिन वह हमारी निजता और पहचान छीन लेती है। जो व्यक्ति सबके पीछे चलता है, वह कभी आगे नहीं निकल पाता। नेतृत्व वही करता है जो पगडंडी छोड़कर अपना नया रास्ता बनाता है।

२. सत्य का मार्ग: सत्य और धर्म के मार्ग पर अक्सर यात्री कम मिलते हैं। यदि हम सही हैं, और पूरा संसार भी विरोध में खड़ा है, तो भी हमें घबराना नहीं चाहिए। संख्या-बल सत्य का प्रमाण नहीं है।

३. आत्म-बल: जब हम अकेले चलते हैं, तो हमारी सारी सोई हुई शक्तियाँ जाग उठती हैं, क्योंकि तब हमें पता होता है कि सहायता के लिए कोई नहीं आएगा, जो करना है स्वयं करना है। यही स्थिति मनुष्य को साधारण से 'असाधारण' बनाती है।

।। आत्म-साधना ।।

सिंह-वृत्ति धारण करने के उपाय:

१. एकांत-सेवन: प्रतिदिन कुछ समय अकेले बिताएं। संसार के कोलाहल (शोर) और संग-साथ से दूर रहकर स्वयं के साथ संवाद करें। जो अकेलेपन से नहीं डरता, उसे दुनिया की कोई ताकत नहीं डरा सकती।

२. निर्णय की स्वतंत्रता: अपने जीवन के निर्णय स्वयं लें। 'लोग क्या कहेंगे'—इस सोच को त्याग दें। अपनी अंतरात्मा की आवाज सुनें और उस पर अडिग रहें।

।। बोध-वाक्य ।।

"सिंह गमन जो करत है,

ताके सँग न कोय।

भीड़ चले जो भेड़ सी,

सो कबहुँ न राजा होय।।

(अर्थ : शेर जब चलता है तो उसके साथ कोई नहीं होता, वह अकेला चलता है। जो भेड़ों की तरह भीड़ में चलते हैं, वे कभी राजा नहीं बन सकते।)

।। सूत्र-सार ।।

"अगर तुम सूर्य की तरह चमकना चाहते हो, तो पहले सूर्य की तरह अकेले जलना सीखो। परछाइयां हमेशा भीड़ में होती हैं, लेकिन प्रकाश हमेशा अकेला होता है।"

भाग ५ : परम सत्य
(अमरता)

।। अष्टम खंड : महा-शक्ति (आध्यात्मिक बल) ।।

(भीतर के परमात्मा को जगाना)

सूत्र ३९ :

स्वराज्य

(दूसरों को नहीं, स्वयं को जीतना)

।। सूत्र ।।

"संसार में लाखों शत्रुओं को पराजित करने वाला 'वीर' हो सकता है, किंतु 'महावीर' केवल वही है जिसने स्वयं को पराजित कर लिया हो। बाहर का राज्य तलवार के बल पर जीता जाता है, जो क्षणभंगुर (नाशवान) है; किंतु भीतर का 'स्वराज्य' (आत्म-नियंत्रण) तप के बल पर जीता जाता है। सबसे बड़ी विजय वह है, जब तुम्हारा मन और तुम्हारी इंद्रियाँ तुम्हारे ही आदेश का पालन करें, ताकि तुम अपनी शक्ति का उपयोग सृजन (भलाई) के लिए कर सको।"

।। विवेचना ।।

'स्वयं संहिता' हमें संसार छोड़कर भागना नहीं, बल्कि संसार में रहकर 'राजर्षि' (राजा जैसा ऋषि) बनना सिखाती है।

१. शक्ति का सही उपयोग: जिसके पास धन और शक्ति है, लेकिन मन पर काबू नहीं है, वह समाज के लिए संकट बन जाता है। लेकिन जो स्वयं को जीत लेता है, वह अपनी संपत्ति और ताकत का उपयोग समाज के कल्याण के लिए करता है। असली राजा वह नहीं जो सिंहासन पर बैठकर भोग-विलास करे, बल्कि वह है जो अपने साधनों का उपयोग दूसरों के आंसू पोंछने में करे।

२. त्याग नहीं, सेवा: महान बनने के लिए राजपाट छोड़ना आवश्यक नहीं है, बल्कि राजपाट के प्रति 'मोह' (लगाव) छोड़ना आवश्यक है। जैसे राजा जनक महलों में रहकर भी फकीर थे, वैसे ही हमें संसाधनों का मालिक बनकर, उनका उपयोग 'धर्म' और 'सेवा' के लिए करना चाहिए।

३. आत्म-विजय ही आधार है: जैसे 'बिना लगाम के घोड़े' रथ को खाई में गिरा देते हैं, वैसे ही अनियंत्रित मन जीवन को विनाश की ओर ले जाता है। इसलिए पहले मन की लगाम कसो, फिर संसार का नेतृत्व करो।

।। आत्म-साधना ।।

स्वराज्य स्थापित करने के उपाय:

१. मालिक बनें: अपने धन और पद का आनंद लें, लेकिन उसके गुलाम न बनें। यह याद रखें कि यह सब आपको समाज की सेवा के लिए मिला है।

२. आत्म-समीक्षा: प्रतिदिन सोचें— "आज मैंने अपनी शक्ति का उपयोग किसी के भले के लिए किया या केवल अपने अहंकार के लिए?"

।। बोध-वाक्य ।।

"धन-बल पाकर जो मनुज,

करे धरम का काम।

मन जीते, जग को सँवारे,

अमर रहे वो नाम।।"

(अर्थ : जो मनुष्य धन और शक्ति पाकर उसे धर्म और सेवा में लगाता है, और अपने मन को जीतकर संसार को सँवारता है, उसी का नाम अमर रहता है।)

।। सूत्र-सार ।।

"सिंहासन छोड़ने से कोई महान नहीं बनता, सिंहासन पर बैठकर उसका उपयोग 'सेवा' में करने से महान बनता है। पहले मन के राजा बनो, फिर संसार के।"

सूत्र ४० :

संकल्प का वज्र

(इच्छाशक्ति से भाग्य बदलना)

।। सूत्र ।।

"भाग्य की रेखाएँ पत्थर पर खुदी लकीरें नहीं हैं जिन्हें मिटाया न जा सके। जो मनुष्य अपने 'प्रचंड संकल्प' की आग में तपता है, विधाता को भी उसकी तकदीर दोबारा लिखनी पड़ती है। स्मरण रहे, संसार की बड़ी से बड़ी बाधा 'अटल निश्चय' के आगे घुटने टेक देती है। यदि पर्वत रास्ता रोकता है, तो संकल्पवान मनुष्य उसे धूल बना देता है। भाग्य के भरोसे 'कायर' बैठते हैं, 'वीर' अपना भाग्य अपनी भुजाओं से लिखते हैं।"

।। विवेचना ।।

'स्वयं संहिता' हमें सिखाती है कि रोना छोड़ो और ठानना सीखो।

१. इच्छा नहीं, प्रतिज्ञा: 'इच्छा' कहती है— "काश! मुझे यह मिल जाए", यह याचना (भीख) की भाषा है। 'संकल्प' कहता है— "मैं इसे पाकर ही रहूँगा", यह सामर्थ्य की भाषा है। जब हम किसी कार्य के लिए अपने प्राणों की पूरी शक्ति लगा देते हैं, तो प्रकृति को रास्ता देना ही पड़ता है।

२. विकल्प का नाश: संकल्प तब तक अधूरा है जब तक हमारे पास पीछे हटने का कोई दूसरा रास्ता बचा है। जिस दिन हम अपनी वापसी के सारे पुल तोड़ देते हैं और यह निश्चित कर लेते हैं कि "अब या तो विजय मिलेगी या वीरगति", उसी क्षण जीत पक्की हो जाती है।

३. साधन नहीं, साधना: लोग शिकायत करते हैं कि "मेरे पास धन नहीं है, सहायता नहीं है"। इतिहास गवाह है— जिसके पास 'जुनून' था, उसने बिना साधनों के भी पहाड़ खोद डाले। साधन तो बाद में जुड़ते हैं, पहले 'भीतर की आग' चाहिए।

।। आत्म-साधना ।।

वज्र संकल्प बनाने के उपाय:

१. हठ योग (जिद्दी बनना): सत्य और अच्छे कर्म के लिए 'जिद्दी' बनो। मन को समझा दो कि जब तक कार्य पूरा नहीं होगा, न रुकूँगा, न थकूंगा। विश्राम केवल विजय के बाद होगा।

२. वचन की गरिमा: अपनी वाणी को हल्का मत होने दें। वचन भंग करना स्वयं का अपमान करने जैसा है। यदि आपने स्वयं से कोई वादा किया है, तो वह 'पत्थर की लकीर' होना चाहिए, जो मिट नहीं सकती।

।। बोध-वाक्य ।।

"विधना के लेखे मिटे,

खींचे नई लकीर।

ठोकर खाकर न रुके,

सो ही सच्चा वीर।।"

(अर्थ : सच्चा वीर वही है जो भाग्य (विधना) के लिखे को मिटाकर अपनी मेहनत से नई लकीर खींच देता है और कितनी भी ठोकर लगे, रुकता नहीं है।)

।। सूत्र-सार ।।

"ठोकर वही खाता है जो रास्ते के पत्थर को देखता है, और पत्थर को वही तोड़ता है जो केवल अपने लक्ष्य को देखता है। मान लो तो हार है, ठान लो तो जीत है।"

सूत्र ४१ :

मौन की गर्जना

(चुप्पी सबसे बड़ी शक्ति है)

।। सूत्र ।।

"उथला जल सदैव कल-कल का शोर करता है, किंतु अथाह (गहरा) सागर सदैव 'शांत' रहता है। जो भीतर से रिक्त (खाली) है, वही अपनी श्रेष्ठता का ढिंढोरा पीटता है। 'मौन' (चुप्पी) कोई शून्यता नहीं, अपितु एक ऐसी 'गर्जना' है जिसे केवल समझदार ही सुन सकते हैं। यदि तुम चाहते हो कि तुम्हारे शब्दों का मोल (कीमत) हो, तो व्यर्थ बोलना त्यागकर मौन को अपना शस्त्र बनाओ।"

।। विवेचना ।।

'स्वयं संहिता' हमें वाचाल (बातूनी) बनने से रोकती है और गंभीर बनने की प्रेरणा देती है।

१. ऊर्जा का संचय: बोलना एक ऐसा कर्म है जिसमें हमारी सबसे अधिक 'प्राण-शक्ति' खर्च होती है। जो बहुत बोलता है, वह भीतर से खोखला हो जाता है। मौन रहने से यह ऊर्जा भीतर जमा होती है, जिससे हमारे व्यक्तित्व में 'तेज' (चमक) आता है।

२. शब्दों का वजन: जो व्यक्ति हर समय बोलता रहता है, लोग उसकी बातों को गंभीरता से नहीं लेते। किंतु जो कम और नाप-तोलकर बोलता है, उसके मुख से निकला एक साधारण शब्द भी 'आदेश' की तरह माना जाता है।

३. विवाद से मुक्ति: संसार के अधिकांश झगड़े केवल 'जीभ' के कारण होते हैं। मौन एक ऐसा अभेद्य कवच है, जिससे बड़े-बड़े बाण भी टकराकर गिर जाते हैं। जहाँ अज्ञानी बहस करते हैं, वहाँ ज्ञानी 'मौन' रहकर जीत जाता है।

।। आत्म-साधना ।।

मौन को साधने के उपाय:

१. मित-भाषी बनें (कम बोलना): केवल उतना ही बोलें जितना अत्यंत आवश्यक हो। बोलने से पहले तोलें कि "क्या मेरे बोलने से मौन से बेहतर कुछ निकलेगा?" यदि नहीं, तो चुप रहें।

२. कुछ क्षण विराम: दिन का कुछ समय (जैसे भोजन करते समय) पूर्णतः चुप रहने का नियम बनाएं। यह मन की बैचेनी को शांत करता है।

।। बोध-वाक्य ।।

"गहरा जल निश्चल रहे,

उथला मचाए शोर।

ज्ञानी मौन में ही कहे,

बात चले चहुँ ओर।।"

(अर्थ : गहरा पानी हमेशा शांत और स्थिर रहता है, जबकि उथला पानी शोर मचाता है। ज्ञानी व्यक्ति मौन रहकर भी अपनी बात कह देता है और उसका प्रभाव चारों दिशाओं में फैलता है।)

।। सूत्र-सार ।।

"शब्दों से केवल ज्ञान का पता चलता है, किंतु 'मौन' से बुद्धिमत्ता का। अपनी सफलता को इतना ऊँचा होने दो कि उसका शोर दुनिया सुने, तुम्हें चिल्लाने की आवश्यकता न पड़े।"

सूत्र ४२ :

अंतर्नाद

(तर्क से परे आत्मा की आवाज़ सुनना)

।। सूत्र ।।

"संसार के कोलाहल (शोर) में मनुष्य अपनी ही आत्मा की पुकार सुनना भूल गया है। बुद्धि केवल 'तर्क' (बहस) करती है, किंतु आत्मा सीधा 'निर्णय' देती है। जीवन के सबसे कठिन क्षणों में जब शास्त्र और सलाह काम नहीं आते, तब यह 'अंतर्नाद' (भीतर की आवाज़) ही सच्चा मार्ग दिखाता है। जो इस आवाज़ को अनसुना करता है, वह जीवन भर भटकता रहता है; और जो इस पर विश्वास करता है, उसका पथ स्वयं ईश्वर आलोकित करते हैं।"

।। विवेचना ।।

'स्वयं संहिता' हमें सिखाती है कि बाहर के गुरु से बड़ा गुरु भीतर बैठा है।

१. तर्क और बोध: बुद्धि एक 'वकील' की तरह है, जो झूठ को भी सच साबित कर सकती है। लेकिन अंतरात्मा एक 'न्यायाधीश' की तरह है, जो केवल सत्य जानती है। बुद्धि 'लाभ-हानि' देखती है, आत्मा 'उचित-अनुचित' देखती है।

२. सत्य की पहचान: कई बार किसी कार्य को करते समय भीतर से आवाज़ आती है— "यह मत करो", लेकिन हम लालच में आकर उसे अनसुना कर देते हैं और बाद में पछताते हैं। यह 'खटका' ही परमात्मा का संकेत है।

३. भीतर का गुरु: जब आप धर्मसंकट (दुविधा) में फँस जाएं और कोई रास्ता न दिखे, तो शांत बैठकर अपनी छाती पर हाथ रखें। जो पहला विचार निस्वार्थ भाव से आए, वही अंतर्नाद है। वह कभी गलत नहीं होता।

।। आत्म-साधना ।।

अंतर्नाद सुनने के उपाय:

१. भीतर का सन्नाटा: प्रतिदिन कुछ समय आँखें बंद करके बैठें और विचारों को शांत होने दें। जब मन का शोर थमता है, तभी आत्मा की धीमी आवाज़ सुनाई देती है।

२. प्रथम आभास: किसी व्यक्ति से मिलते ही या किसी स्थान पर जाते ही जो 'पहली अनुभूति' (पहला अहसास) होती है, उस पर विश्वास करना सीखें। वह आत्मा का संकेत होता है।

।। बोध-वाक्य ।।

"तर्क जाल में जो फँसा,

सुलझ सके ना कोय।

भीतर की जो सुन चले,

राह सुगम सो होय।।"

(अर्थ : जो केवल बुद्धि के तर्क-वितर्क के जाल में फँसता है, वह उलझ जाता है। लेकिन जो अपने भीतर की आवाज़ (अंतर्नाद) सुनकर चलता है, उसका रास्ता आसान हो जाता है।)

।। सूत्र-सार ।।

"बुद्धि के पास 'आँखें' हैं, लेकिन आत्मा के पास 'दृष्टि' है। जब बाहर अँधेरा हो, तो भीतर का दीया जलाकर रास्ता ढूँढो।"

सूत्र ४३ :

अभय

(भय का नाश ही असली जीत है)

।। सूत्र ।।

"डर एक ऐसी 'काल्पनिक दीवार' है जो मनुष्य अपने ही चारों ओर खड़ी कर लेता है। इसी दीवार के कारण वह खुले आकाश का आनंद नहीं ले पाता। याद रखें, जीवन का असली स्वाद 'सुरक्षा' में नहीं, बल्कि 'स्वतंत्रता' में है। जो डर की मुट्ठी में बंद है, वह उस बीज की तरह है जो कभी फूल नहीं बन पाया। 'अभय' होने का अर्थ है— जीवन को एक खेल की तरह खेलना, न कि किसी बोझ की तरह उठाना।"

।। विवेचना ।।

'स्वयं संहिता' हमें डर-डर कर जीने के बजाय, खुलकर जीने (खिलने) की प्रेरणा देती है।

१. पिंजरा और आकाश: पंछी को पिंजरे में दाना-पानी तो मिलता है, पर उड़ान नहीं मिलती। डर हमें सुविधाओं का पिंजरा देता है, लेकिन साहस हमें संभावनाओं का आकाश देता है। चुनाव हमें करना है कि हमें पिंजरे का सुकून चाहिए या खुले गगन की उड़ान।

२. जीवन का रस: जब तक मन में डर है (खोने का डर, गिरने का डर), तब तक हम जीवन के किसी भी सुख का पूरा आनंद नहीं ले सकते। जैसे स्वादिष्ट भोजन में अगर कंकड़ आ जाए तो सारा स्वाद बिगड़ जाता है, वैसे ही जीवन में डर सारा मजा किरकिरा कर देता है।

३. सहज प्रवाह: नदी पहाड़ों से गिरते हुए डरती नहीं है, वह मजे से बहती है, तभी वह सागर तक पहुँचती है। हमें भी परिणामों की चिंता छोड़कर, अपने कर्म में मगन रहना चाहिए। यही सच्ची निडरता है।

।। आत्म-साधना ।।

अभय (निडर) होने के उपाय:

१. भरोसा रखें: जैसे एक छोटा बच्चा हवा में उछाले जाने पर रोता नहीं बल्कि हँसता है, क्योंकि उसे अपने पिता के हाथों पर भरोसा है। वैसे ही, आप भी ईश्वर पर भरोसा रखें और जीवन का आनंद लें।

२. खुलकर जिएं: अपनी भावनाओं को दबाएं नहीं। जो मन में है, उसे सही तरीके से व्यक्त करें। छिपाना ही डर की निशानी है, और प्रकट होना साहस की।

।। बोध-वाक्य ।।

"डर की बेड़ी काट के,

पक्षी भरे उड़ान।

खुला गगन ही है जगत,

बाकी सब अज्ञान।।"

(अर्थ : जब पक्षी डर की जंजीर काट देता है, तभी वह ऊँची उड़ान भरता है। यह समझ लो कि खुला आकाश ही असली दुनिया है, बाकी सब केवल मन का वहम है।)

।। सूत्र-सार ।।

"कली अगर खिलने से डर जाए, तो वह कभी फूल नहीं बन सकती और न ही अपनी खुशबू बिखेर सकती है। डरना छोड़ो और महकना सीखो।"

भाग ५ : परम सत्य (अमरता)

।। नवम खंड : परम विश्राम (अंतिम सत्य) ।।

(मृत्यु और मोक्ष)

सूत्र ४४ :

देह देवालय

(यह शरीर ईश्वर का मंदिर है)

।। सूत्र ।।

"ईश्वर ने हमें यह शरीर एक 'अनमोल उपहार' (भेंट) के रूप में दिया है। यह परमात्मा की वह सुंदर 'रचना' है, जिसके द्वारा ही हम जीवन का आनंद और पुण्य कमा सकते हैं। इसे साधारण मिट्टी समझना भूल होगी। जो मनुष्य इस शरीर को आदर और स्नेह (प्रेम) से रखता है, वह अनजाने में ही ईश्वर की पूजा कर रहा होता है। इस पवित्र देह को 'बोझ' नहीं, बल्कि अपनी आत्मा की 'पावन धरोहर' मानकर इसका खयाल रखें।"

।। विवेचना ।।

'स्वयं संहिता' हमें अपने शरीर के प्रति कृतज्ञ और विनम्र होने की सीख देती है।

१. ईश्वर की धरोहर: यह शरीर हमारा अपना नहीं, बल्कि परमात्मा की सौंपी हुई एक प्यारी सी 'धरोहर' है। जैसे हम किसी मित्र की दी हुई निशानी को बहुत संभालकर रखते हैं, वैसे ही हमें इस शरीर को भी बहुत जतन (देखभाल) से रखना चाहिए।

२. जीवन का आधार: जैसे बिना वीणा के संगीत नहीं बज सकता, वैसे ही बिना स्वस्थ शरीर के जीवन का गीत नहीं गाया जा सकता। मोक्ष हो या सफलता, सब इसी शरीर के सहारे ही संभव है। इसलिए इसका निरादर न करें, बल्कि सम्मान करें।

३. भीतर की पवित्रता: हम मंदिर जाते समय कितनी शुद्धता रखते हैं! यह शरीर तो 'चलता-फिरता देवालय' है। इसमें गलत खान-पान डालना, इस मंदिर की पवित्रता को कम करना है। इसे सात्विक और निर्मल रखना ही हमारी सबसे बड़ी सेवा है।

।। आत्म-साधना ।।

देह को देवालय बनाने के उपाय:

१. स्नेह-पूर्ण भोजन: भोजन करते समय मन में यह भाव लाएं— "यह भोजन मेरे भीतर बैठे परमात्मा के लिए प्रसाद है।" जब आप भोजन को 'प्रसाद' मानकर ग्रहण करेंगे, तो स्वास्थ्य अपने आप सुधर जाएगा।

२. प्रेम से निहारें: कभी भी आईने में देखकर खुद में कमी न निकालें। स्वयं से कहें— "प्रभु ने मुझे जैसा भी बनाया है, मैं बहुत सुंदर हूँ और इस रूप के लिए आभारी हूँ।"

।। बोध-वाक्य ।।

"प्रभु की यह अनमोल भेंट,

राखो जतन के साथ।

तन मन जब निर्मल रहे,

तब हो प्रभु से बात।।"

(अर्थ : यह शरीर ईश्वर की अनमोल भेंट है, इसे बहुत जतन (स्नेह) से संभालकर रखो। जब तन और मन निर्मल (साफ) रहते हैं, तभी प्रभु से हमारा मिलन हो पाता है।)

।। सूत्र-सार ।।

"फूल को देवता के चरणों में चढ़ाने से पहले हम उसे कितना साफ और ताजा रखते हैं; यह शरीर भी तो आत्मा का फूल है, इसे मुरझाने मत दो, इसे महकने दो।"

सूत्र ४५ :

उधार की साँसें

(समय का मूल्य : हर पल कीमती है)

।। सूत्र ।।

"मनुष्य इस भ्रम में जी रहा है कि समय उसका दास है, जबकि सत्य यह है कि हम सब समय के अधीन हैं। हमें मिली हुई साँसें हमारी निजी संपत्ति नहीं, अपितु विधाता द्वारा दी गई एक 'नियत अवधि' (तय समय) है। यह 'प्राण-धन' हमें अनंत काल के लिए नहीं, बल्कि केवल एक निश्चित प्रयोजन के लिए मिला है। जो मनुष्य इन 'गिनी-चुनी साँसों' को आलस्य और प्रमाद (बेहोशी) में गँवा रहा है, वह अपने ही अस्तित्व के साथ छल कर रहा है। स्मरण रहे, बीता हुआ एक क्षण भी सृष्टि का सारा वैभव देकर वापस नहीं बुलाया जा सकता।"

।। विवेचना ।।

'स्वयं संहिता' हमें समय की निष्ठुरता और जीवन की क्षण-भंगुरता का बोध कराती है।

१. नियत प्रस्थान: हमारा जीवन सूर्य की भांति है, जिसका उदय हुआ है, उसका अस्त होना भी निश्चित है। हम हर पल अपनी अंतिम यात्रा की ओर अग्रसर हैं। यह शोक का नहीं, अपितु सजगता (सावधानी) का विषय है। हमें जो भी श्रेष्ठ कर्म करने हैं, उन्हें आज ही पूर्ण कर लेना चाहिए।

२. समय का आदर: धन व्यर्थ हो जाए तो पुनः अर्जित किया जा सकता है, किंतु समय तो साक्षात 'जीवन' ही है। समय को नष्ट करना, स्वयं के जीवन को नष्ट करना है। बुद्धिमान मनुष्य अपने एक-एक पल का उपयोग हीरे-मोती की तरह सहेज कर करता है।

३. क्षण-भंगुरता: "कल करूँगा"— यह विचार ही मनुष्य का सबसे बड़ा शत्रु है। काल (मृत्यु) कभी किसी की प्रतीक्षा नहीं करता। जिसे हम 'कल' कहते हैं, क्या पता वह हमारे भाग्य में लिखा ही न हो? इसलिए, वर्तमान क्षण ही सत्य है, इसी में जीना और कर्म करना श्रेष्ठ है।

।। आत्म-साधना ।।

समय की मर्यादा समझने के उपाय:

१. जीवन-बोध: प्रतिदिन प्रातः स्मरण करें— "यह नया दिन मेरे जीवन में ईश्वर का उपहार है। मैं इसे व्यर्थ नहीं जाने दूँगा।"

२. आत्म-निरीक्षण: रात्रि में विचार करें कि आज का दिन 'सार्थक' कार्यों में बीता या 'निरर्थक' बातों में? यह चिंतन आपको समय का सदुपयोग करना सिखाएगा।

।। बोध-वाक्य ।।

"साँसें हैं अनमोल रतन,

समझो इनका सार।

गिनी-चुनी यह लघुकथा,

माटी का आधार।।"

(अर्थ : यह साँसें अनमोल रत्न हैं, इनके महत्व (सार) को समझो। यह जीवन मिट्टी का एक पुतला मात्र है और इसकी कहानी बहुत छोटी और गिनी-चुनी साँसों पर टिकी है।)

।। सूत्र-सार ।।

"दीपक में तेल सीमित है, इसलिए लौ को सही दिशा में जलने दो। इससे पहले कि अंधकार छा जाए, अपने जीवन को प्रकाशमय बना लो।"

सूत्र ४६ :

अदृश्य डोर

(ईश्वर पर अटूट विश्वास)

।। सूत्र ।।

"इस विशाल संसार में हम अकेले नहीं हैं, अपितु एक 'अदृश्य डोर' से उस परम-शक्ति से बंधे हुए हैं। जैसे एक विशाल वृक्ष का अस्तित्व उसकी 'अदृश्य जड़ों' पर निर्भर करता है, ठीक वैसे ही हमारा जीवन उस परमात्मा पर टिका है। जड़ें भूमि के भीतर छिपी रहती हैं और दिखाई नहीं देतीं, किंतु वही वृक्ष को भीषण आंधी-तूफानों में थामे रखती हैं। जो मनुष्य अहंकारवश अपनी इस 'डोर' (जड़ों) को काट देता है, वह उस सूखे वृक्ष की भांति धराशायी हो जाता है जिसका कोई रक्षक नहीं होता।"

।। विवेचना ।।

'स्वयं संहिता' हमें उस छिपे हुए सहारे को पहचानने की दृष्टि देती है जो कभी बदलता नहीं है।

१. अदृश्य आधार: जड़ें अंधकार में और जमीन के नीचे रहती हैं, वे कभी अपनी प्रशंसा नहीं चाहतीं, किंतु पूरे वृक्ष को पोषण और जीवन वहीं से मिलता है। ईश्वर भी उन जड़ों की तरह है— वह दिखता नहीं, पर वही हमें थामे हुए है और भीतर से प्राण-शक्ति दे रहा है।

२. दिखावे का अंत: बिना जड़ का वृक्ष या तोड़कर पात्र में रखा गया फूल, कुछ देर के लिए सुंदर लग सकता है, पर उसका मुरझाना निश्चित है क्योंकि उसका 'मूल-सम्बन्ध' टूट चुका है। जो व्यक्ति ईश्वर और धर्म से कट जाता है, उसकी सफलता भी क्षणिक होती है।

३. तूफानों में सुरक्षा: जब भयंकर आंधी आती है, तो वही वृक्ष बचता है जिसकी पकड़ जमीन के भीतर मजबूत होती है। जीवन में जब संकटों का तूफान आता है, तो धन या पद काम नहीं आता, केवल 'ईश्वर-विश्वास' की गहरी जड़ें ही मनुष्य को उखड़ने से बचाती हैं।

।। आत्म-साधना ।।

अटूट विश्वास को मजबूत करने के उपाय:

१. नित्य पोषण: जैसे जड़ों को पानी चाहिए, वैसे ही आत्मा को प्रार्थना और नाम-स्मरण का जल चाहिए। नियम बनाएं कि दिन की शुरुआत उस 'मूल-शक्ति' को नमन करके ही करेंगे।

२. कृतज्ञता: वृक्ष कभी अपनी जड़ों को नहीं देखता, पर हर पल उनसे जुड़ा रहता है। आप भी सुख हो या दुख, हर पल उस अदृश्य शक्ति का आभार मानते रहें जो आपको जीवित रखे हुए है।

।। बोध-वाक्य ।।

"दिखे न जो नैनन से,

बाँधे सबको सोय।

जाकी डोर प्रभु हाथ में,

ताका बाल न बांका होय।।"

(अर्थ : जो शक्ति आँखों से दिखाई नहीं देती, उसी ने सबको बांध रखा है। जिसकी जीवन रूपी डोर स्वयं प्रभु के हाथों में है, उसका कोई बाल भी बांका नहीं कर सकता, यानी उसका कोई अहित नहीं हो सकता।)

।। सूत्र-सार ।।

"पत्तों को चमकाने में जीवन व्यर्थ न करो, अपनी जड़ों को सींचो। यदि जड़ें सुरक्षित हैं, तो पत्तियां तो अपने आप हरी-भरी रहेंगी।"

सूत्र४७ :

पूर्ण विराम

(सर्वोच्च तप : सचेतन समर्पण का महायज्ञ)

।। सूत्र ।।

"जड़ प्रकृति और चेतन मनुष्य के त्याग में मौलिक और महान भेद है। एक वृक्ष अपना भौतिक चक्र पूरा होने पर, धराशायी होकर वसुंधरा को उर्वर बनाता है—यह उसका 'मरणोपरांत योगदान' (निष्क्रिय दान) है। किन्तु, मनुष्य का उत्सर्ग इससे कहीं उच्चतर और कठिन है। एक सच्चा गृहस्थ अपनी संतति और समाज रूपी 'नव-जीवन' के सिंचन हेतु जीवन के अंत की प्रतीक्षा नहीं करता। वह अपनी 'जीवंत चेतना'—अपने तेज, ओज, और पुरुषार्थ—को सक्रिय जीवन-काल में ही तिल-तिल कर 'होम' कर देता है।

जीवन का 'पूर्ण विराम' (चरम सत्य) इस 'सतत महायज्ञ' की पूर्णाहुति में है, जहाँ एक पीढ़ी, भावी पीढ़ी के निर्माण हेतु स्वयं को नींव के पत्थर के रूप में समर्पित कर चुकी होती है।"

।। विवेचना ।।

'स्वयं संहिता' समस्त मानव जाति के लिए इस ध्रुव सत्य की उद्‌घोषणा करती है कि यह 'सक्रिय समर्पण' ही जीवन का मूल आधार है:

१. **जीवंत आहुति:** संसार के कोलाहल के बीच रहकर, अपने सुखों का विसर्जन कर, एक पिता का पुरुषार्थ और एक माता का वात्सल्य रूपी आहुति देना ही सबसे कठिन 'कर्मयोग' है। वे अपनी युवावस्था और स्वप्नों को परिवार के भविष्य रूपी यज्ञ-कुंड में अर्पित करते हैं। यह जीवन-पर्यंत चलने वाला 'सक्रिय विसर्जन' है।

२. **प्राण-ऊर्जा का हस्तांतरण:** यह प्रकृति का अटल नियम है कि नई संरचना केवल संसाधनों से खड़ी नहीं होती; वह पुरानी नींव की 'प्राण-शक्ति' को आत्मसात करके ही पल्लवित होती है। माता-पिता का ढलता हुआ शरीर और गृहस्थ का घिसा हुआ जीवन, **वस्तुतः** उनकी उस ऊर्जा का प्रमाण है जो अब समाज और संतति के रूप में क्रियाशील है। जो इस सत्य से मुंह मोड़ता है, वह अपने अस्तित्व के मूल को नकारता है।

३. कृतार्थता ही मोक्ष है: जब एक कर्मठ मनुष्य यह सुनिश्चित कर लेता है कि उसके पूर्वजों और समाज द्वारा सौंपी गई जीवन-धारा उसकी तपस्या से सुरक्षित और समृद्ध होकर आगे बढ़ रही है, तो वह अपने पावन 'ऋणों' के भार से मुक्त हो जाता है। कर्तव्यों के पूर्ण होने का यह गहरा संतोष (कृतार्थता) ही 'जीते-जी मोक्ष' का परम अनुभव है।

"**अतः**, यह जान लो कि जो इस समर्पण के आधार को थामकर अपनी जिम्मेदारियां निभा रहा है, वही जीवन के 'केंद्र' (वास्तविक सत्य) में स्थित है; और जो इन कर्तव्यों से विमुख है, वह केवल जीवन की 'परिधि' (किनारे) पर भटक रहा है।"

।। आत्म-साधना ।।

इस परम सत्य को जीवन में उतारें और गर्व का अनुभव करें:

"हे मानव! यदि आप संसार के थपेड़ों के बीच भी अपने कर्तव्यों का वटवृक्ष बनकर अडिग खड़े हैं और अपनों के लिए घिस रहे हैं, तो यह आपके लिए परम गौरव का विषय है। यह समझें कि आप केवल परिवार नहीं पाल रहे, अपितु ईश्वर की सृष्टि-रचना में

उनके 'सक्रिय सहयोगी' बने हुए हैं। पलायन की अपेक्षा संघर्ष का यह मार्ग चुनना ही इस युग की सबसे बड़ी तपस्या है।"

।। बोध-वाक्य ।।

"तरुवर तो निज चक्र पूर्ण कर,
वसुधा का रूप संवारे।
पर मानव वह तपस्वी महान,
जो जीते-जी निज को वारे।
सिंचित करता जग को जो,
अपने रक्त और स्वेद से।
वह रीता पात्र नहीं,
परिपूरित है मोक्ष के भेद से।।"

।। सूत्र-सार ।।

"जीवन का सार निष्क्रिय प्रतीक्षा में नहीं, अपितु अपनी जिम्मेदारियों को निभाते हुए, संसार के हित में स्वयं को 'होम' कर देने वाले सक्रिय महायज्ञ में है। यही परम सत्य है।"

।। संपूर्णम् ।।

॥ ॐ ॥

।। आशीर्वचन : विजय-प्रस्थान ।।

(मंगल-कामना और नई यात्रा का आरंभ)

हे जिज्ञासु आत्मन्!

'स्वयं संहिता' का यह शाब्दिक अनुष्ठान यहाँ संपन्न होता है।

किन्तु, यह स्मरण रहे कि जहाँ शब्दों की सीमा समाप्त होती है, ठीक वहीं से आपके जीवन का वास्तविक कुरुक्षेत्र आरंभ होता है। यह ग्रंथ केवल पन्नों का संग्रह मात्र नहीं है; यह एक 'दर्पण' है जिसमें आपने अपनी वास्तविक छवि को देखा है, और यह एक 'शस्त्र' है जिसे अब आपको जीवन-समर में धारण करना है।

आपने 'जागरण' की प्रक्रिया को अनुभव किया है, 'शुद्धिकरण' की अग्नि में स्वयं को तपाया है, और 'सत्य' के निकट पहुँचने का प्रयास किया है। अब आप वह नहीं रहे जो इस यात्रा के आरंभ में थे। अब आप एक जागृत चेतना हैं।

आपका 'विजय-प्रस्थान':

अब इन सूत्रों को केवल अपनी स्मृति तक सीमित न रखें, अपितु इन्हें अपने आचरण में उतरने दें।

जब संसार आपको भ्रमित करने का प्रयास करे, तो अपना 'आत्म-केंद्र' कदापि न खोएं।

जब संघर्ष की आँधियाँ चलें, तो वटवृक्ष की भांति अडिग रहें।

जब कर्तव्य का भार बढ़े, तो स्मरण रखें कि आप एक महान यज्ञ संपन्न कर रहे हैं।

यह ग्रंथ आपके हाथों से छूट सकता है, परन्तु इसका सार आपके आचरण से कभी विस्मृत न हो।

।। एक विनम्र निवेदन ।।

जीवन एक अनंत महासागर है, और यह ग्रंथ उसमें से भरी गई मात्र एक अंजलि है। यह संभव है कि अस्तित्व के कुछ गहन आयाम या बदलते समय के कुछ नए सत्य इस प्रयास में हमसे अछूते रह गए हों, क्योंकि एक सीमित जीवन-काल और बुद्धि की सीमाओं में 'संपूर्णता' को बांध लेना असंभव है।

अतः, आपसे अनुरोध है कि आप केवल इस ग्रंथ पर ही रुक न जाएं। अपने विवेक के नेत्र सदा खुले रखें। देश, काल, परिस्थिति और अपनी बढ़ती हुई जागरूकता के अनुसार जो भी नए सत्य आपको

मिलें, उन्हें भी परखकर अपने आचरण में समाहित करते रहें। सत्य की यात्रा निरंतर है।

हमारी मंगल-कामना:

प्रस्थान करें! और अपने जीवन को ही इस ज्ञान का प्रमाण बना दें।

आपका प्रत्येक कर्म एक 'सूत्र' बने, और आपका संपूर्ण जीवन एक जीवंत 'संहिता' बन जाए।

अब आपको किसी बाहरी प्रकाश की आवश्यकता शेष नहीं है, क्योंकि सत्य का सूर्य अब आपके भीतर उदय हो चुका है।

"अपना दीपक स्वयं बनें। (अप्प दीपो भव।)"

आपकी यह नई जीवन-यात्रा परम मंगलमय हो। विजय निश्चित है,

क्योंकि अब 'आप' स्वयं अपने साथ हैं।

।। इति 'स्वयं संहिता' संपूर्णम् ।।

इस व्यक्तित्व के पीछे छिपी
उस प्रेरणा का संकेत, जो
आगे की राह दिखा रही है...

॥ कर्ता मैं नहीं वह है ॥

"मैं तो बस उनकी उंगली
पकड़कर चल रहा हूँ।"

|| ॥ जय श्री राधे-राधे ॥ ||

॥ ॐ ॥

"सत्य ही यथार्थ है, यथार्थ ही परम सत्य है।"

।। जय श्री बाबा भयहरणनाथ धाम की जय ।।

।। जय श्री कृष्ण नारायण की जय ।।

।। पूर्णमदः पूर्णमिदं पूर्णात् पूर्णमुदच्यते ।।

॥ सोपान-सेतु : महा-प्रस्थान ॥

(स्वयं की शांति से... संसार की क्रांति तक)

"हे जिज्ञासु! हे आत्म-अन्वेषी!"

अब तक तुमने '॥ स्वयं संहिता ॥' के ४७ पावन पड़ावों की यात्रा पूर्ण की है। तुमने अपनी 'मूर्छा' (बेहोशी) की बेड़ियाँ तोड़ीं, दर्पण में छिपे उस 'अजनबी' (स्वयं) का हाथ थामा और अपने 'अंतःकरण' की भट्टी में जलकर आत्म-बोध का कुंदन प्राप्त किया। तुमने जान लिया कि तुम मिट्टी का वह पुतला नहीं हो जो बिखर जाए, बल्कि तुम वह 'देह-देवालय' हो जिसमें साक्षात परमात्मा का वास है। तुमने 'अन्न और मन' की शुद्धि सीखी, 'मौन की गर्जना' को पहचाना और 'अदृश्य डोर' पर विश्वास करना सीखा।

किन्तु, यहाँ ठहर मत जाना!

यह शांति, यह अनुशासन और यह भीभीतरी साम्राज्य अभी केवल एक 'तैयारी' थी। यदि तुमने अपनी इस 'शब्द-साधना' को केवल पन्नों तक सीमित रखा, तो तुम्हारी यह यात्रा अधूरी रह

जाएगी। साधना की सार्थकता एकांत की गुफा में नहीं, बल्कि संसार के कोलाहल के बीच अडिग रहने में है।

यहाँ से 'स्वयं' की सीमा समाप्त होती है और 'आज का कुरुक्षेत्र' का शंखनाद आरम्भ होता है!

अब तुम्हें उस रणभूमि में उतरना है जहाँ—

- तुम्हारे 'सत्य' का उपहास उड़ाया जाएगा।
- तुम्हारी 'शराफत' को कायरता का नाम दिया जाएगा।
- तुम्हारे 'धैर्य' को तुम्हारी विवशता मान लिया जाएगा।
- और जहाँ अधर्म और कुटिलता का वैभव, ईमानदारी के पसीने और मर्यादा को रौंदने का प्रयास करेगा।

तुमने 'स्वयं संहिता' में जो 'पात्र' (चरित्र) गढ़ा है, अब उसे 'शस्त्र' (गांडीव) में बदलने का समय आ गया है। अब तक तुमने 'स्वयं' पर विजय पाई थी, अब तुम्हें 'आज' के इस कलयुगी चक्रव्यूह को भेदना है। मर्यादा का पालन करते हुए युद्ध कैसे लड़ा जाता है और प्रतिशोध के बिना न्याय कैसे माँगा जाता है, यही इस अगले सोपान का 'यथार्थ' है।

याद रहे, जिसने स्वयं को जीत लिया, संसार की कोई भी सेना उसे पराजित नहीं कर सकती। तुम अब एक 'पीड़ित' मनुष्य नहीं, बल्कि एक 'जागृत योद्धा' हो। तुम्हारी शांति अब तुम्हारी 'कायरता' नहीं, बल्कि तुम्हारी वह 'संहारक शक्ति' बनेगी जो अधर्म के कुहासे को चीर देगी।

महा-प्रस्थान का संकल्प:

"जो भीतर से अनुशासित (स्वयं) है, वही बाहर के कुरुक्षेत्र में विजय का अधिकारी है। अपनी इस संचित शक्ति को उठाओ, अपने चरित्र के गांडीव को सज्जित करो... और कदम बढ़ाओ उस युद्ध की ओर जहाँ विजय केवल तुम्हारी 'मर्यादा' की होगी।"

द्वितीय सोपान :

सत्य-साधना श्रृंखला

आज का कुरुक्षेत्र

कलयुग के व्यवहार सूत्र
स्वयं संहिता एवं यथार्थ संहिता का संगम

॥ प्रस्तावना ॥

न मन्दिर में, न हिमालय पर... मैं कलयुग के बीच खड़ा हूँ

"मैं कोई ऋषि नहीं हूँ जो हिमालय की कंदराओं में बैठकर शांति की तलाश कर रहा हो, और न ही मैं वह 'ज्ञानी' हूँ जिसने संसार को त्याग दिया है। मैं इसी भीड़ का हिस्सा हूँ। उसी धूल, उसी शोर और उसी संघर्ष के बीच खड़ा हूँ, जहाँ आप खड़े हैं।"

॥ विवेचना ॥

मेरे एक हाथ में 'गीता' है और आँखों के सामने यह 'कलयुग' है। बचपन से सुना था कि "सत्य परेशान हो सकता है, पराजित नहीं।" लेकिन आज जब मैं अपने चारों तरफ देखता हूँ, तो सत्य सिर्फ 'परेशान' नहीं, बल्कि 'कुचला' हुआ दिखाई देता है। और झूठ? झूठ मर्सिडीज़ में बैठकर ठहाके लगा रहा है।

मेरे मन में भीषण द्वंद्व है। मेरे संस्कार कहते हैं—"सहनशील बनो, माफ़ कर दो, ईश्वर सब देख रहा है।" लेकिन मेरा अनुभव चीखकर कहता है—"तुम्हारी सहनशीलता को दुनिया तुम्हारी कायरता समझ रही है। जिसे तुम 'संस्कार' कह रहे हो, उसे वे तुम्हारी 'गुलामी' मान रहे हैं।"

यह डायरी किसी और के लिए नहीं, यह मेरे स्वयं के लिए है। यह मेरे और मेरे ईश्वर के बीच का एक "खुला संवाद" है। यहाँ मैं सर झुकाकर, डरते हुए याचना नहीं कर रहा; यहाँ मैं आँखों में आँखें डालकर वह बात कर रहा हूँ जो हर 'शरीफ' आदमी के दिल में चुभ रही है, लेकिन वह बोल नहीं पा रहा।

मैं जानना चाहता हूँ कि क्या 'अच्छा' होना ही मेरी सबसे बड़ी सजा है? क्या धर्म सिर्फ 'मंदिर' की चारदीवारी तक सीमित है, या 'सड़क' पर भी उसका कोई वजूद शेष है? और सबसे बड़ी बात—वह 'माली' (चेतना) कब जागेगा, जिसके भरोसे मैंने यह बगीचा छोड़ रखा है?

यह पन्ने मेरी खामोशी के टूटने की आवाज़ हैं। यदि इन शब्दों में आपको अपनी ही धड़कन सुनाई दे, तो समझ लीजियेगा कि यह सिर्फ़ मेरे विचार नहीं, यह 'समय की पुकार' है। सत्य कड़वा होता है, और यह लेखनी बहुत कड़वी है।

स्वागत है मेरे कुरुक्षेत्र में।

॥ प्रस्तावना : शस्त्र से शास्त्र तक की यात्रा ॥

कुरुक्षेत्र का युद्ध केवल उस ऐतिहासिक कालखंड में समाप्त नहीं हुआ था जब गांडीव की टंकार थमी थी; वास्तव में वह युद्ध आज हर मनुष्य के अंतर्मन और समाज की गलियों में प्रतिपल चल रहा है। आज का कुरुक्षेत्र रक्त और शस्त्रों का नहीं, बल्कि विचारों, मर्यादाओं और सिद्धांतों का है। आज का योद्धा वह नहीं है जो गांडीव उठाए, बल्कि वह है जो इस कुटिल व्यवस्था के छल को अपने विवेक की खड्ग से काट सके।

अपनी पूर्व कृति 'स्वयं संहिता' में मैंने आत्म-अनुशासन, अंतर्मन की शुद्धि और 'स्व' के निर्माण के उन शाश्वत नियमों को सूत्रों में पिरोया था, जो एक साधारण मनुष्य को भीतर से 'सम्राट' बनाने की सामर्थ्य रखते हैं। वह स्वयं को गढ़ने की एक एकांत साधना थी। किंतु, यथार्थ का प्रश्न तब खड़ा होता है जब वही अनुशासित मनुष्य समाज के इस जटिल और मुखौटों से भरे चक्रव्यूह में प्रवेश करता है। प्रश्न यह है कि—जब चारों ओर 'कुटिल-तर्क' का शासन हो, जब श्रम की अवहेलना हो रही हो और जब व्यवस्था स्वयं

षड्यंत्रकारी बन जाए, तब अपनी मर्यादा को अक्षुण्ण रखते हुए विजय कैसे प्राप्त की जाए? 'आज का कुरुक्षेत्र' इसी व्यावहारिक द्वंद्व और संघर्ष की परिणति है। यह ग्रंथ उस सत्य के दर्शन की जीवंत भूमिका है, जिसे मैं आगामी 'यथार्थ संहिता' में पूर्णता प्रदान करूँगा। यह उन लोगों के लिए है जो 'याचना' की दुर्बलता को त्यागकर 'रण' का निश्चय कर चुके हैं। यहाँ हम सीखेंगे कि भक्ति विवशता नहीं बल्कि अभय होने का शस्त्र है, और मौन कायरता नहीं बल्कि आने वाली गर्जना की पूर्व-तैयारी है।

इस प्रस्तावना के माध्यम से मैं समाज के उस हर व्यक्ति को जागृत करना चाहता हूँ जो अदृश्य शृंखलाओं में बंधा स्वयं को स्वतंत्र मान बैठा है। यह ग्रंथ आपके भीतर छिपे उस 'सव्यसाची' को जगाने का प्रयास है, जो विपरीत धाराओं में भी अडिग रहना जानता है। आइए, संस्कारों के इस 'चारित्रिक गांडीव' को धारण करें और सिद्ध करें कि कलयुग के इस अंधकार में भी एक मर्यादित ओजस्वी जीवन संभव है।

यह यात्रा कुरुक्षेत्र के रण से आरम्भ होकर उस परम 'शून्य' और 'परमात्मा' के साक्षात्कार की ओर बढ़ती है, जहाँ पहुँचकर सारे द्वंद्व शांत हो जाते हैं।

उठो! और अपनी नियति के रचयिता स्वयं बनो,
क्योंकि अब याचना नहीं... रण होगा!

खण्ड १ :
अंतर्मन का यथार्थ
(स्वयं संहिता का क्रियान्वयन)

सूत्र १

भयमुक्त श्रद्धा

(भय की बेड़ियाँ और भक्ति का यथार्थ)

।। सूत्र ।।

"भय की नींव पर खड़ी की गई श्रद्धा, भक्ति नहीं अपितु 'अदृश्य दासता' है। जो परमात्मा को दंड के भय से भजता है, वह भक्त नहीं, वरन एक डरा हुआ याचक है; और याचना में कभी 'रण' नहीं होता, केवल विवश समझौता होता है।"

।। संवाद और विवेचना ।।

आज का कुरुक्षेत्र अंतर्मन की उसी कायरता से आरम्भ होता है जिसे संसार ने 'श्रद्धा' का आवरण ओढ़ा दिया है। यथार्थ का अवलोकन करें—जब आप अपने पूजन-स्थल पर दीप प्रज्वलित करते हैं, तो क्या वहाँ ईश्वर के प्रति अगाध प्रेम है या मन के किसी कोने में अनिष्ट की आशंका छिपी है? क्या यह भक्ति है या मात्र अपने भय की 'किस्त' भरने का प्रयास?

यथार्थ संहिता का सूत्र ३ (भय का मनोविज्ञान) यहाँ चेताता है कि आज की व्यवस्था ने परमात्मा को एक 'भयकारी न्यायाधीश' के रूप में प्रस्तुत कर दिया है। लोग मंदिर ईश्वर के प्रति अनुराग के कारण नहीं, बल्कि अनिष्ट की आशंका और सांसारिक विपत्तियों के भय से जाते हैं। यह भक्ति नहीं, अपितु एक स्वार्थ-प्रेरित विनिमय है।
यदि आप परमात्मा को इसलिए पूज रहे हैं कि वह आप के कष्टों को कम कर देगा, तो आप ने ईश्वर को भी 'भय-व्यापार' का एक माध्यम बना लिया है। स्वयं संहिता सिखाती है कि आत्मा अभय है, अतः अपने ही मूल स्वरूप से यह भय कैसा? सच्चा भक्त वह योद्धा है जो ईश्वर को अपना 'संबल' मानता है, 'डर' नहीं। जिस दिन भीतर से "परमात्मा रुष्ट हो जाएगा" का भ्रम निकलकर "मैं सत्य के मार्ग पर हूँ" का आत्मविश्वास जागेगा, उसी क्षण भक्ति 'भयमुक्त' हो जाएगी।

।। आत्म-साधना ।।

आज एकांत में बैठकर स्वयं के भीतर इस भय के मूल को खोजें। अपनी पूजा, अपने पाठ और अपने दान का साक्षी भाव से अवलोकन करें—क्या इसके पीछे कोई अनहोनी का डर है? यदि हाँ, तो

उस डर को त्याग दें और स्वयं से कहें— "मेरा अस्तित्व और मेरी सत्यनिष्ठा किसी काल्पनिक दंड की मोहताज नहीं है।" जब डर का अंत होता है, तभी वास्तविक श्रद्धा का जन्म होता है।

।। बोध-वाक्य ।।

"डर-डर कर किया गया वंदन, केवल याचना है। निर्भय होकर किया गया समर्पण ही, वास्तविक साधना है॥"

।। सूत्र-सार ।।

"परमात्मा कोई दंड देने वाली सत्ता नहीं जो दंड लेकर खड़ी है, वह तो वह प्रकाश है जो आप के भीतर मार्ग दिखा रहा है। अंधकार से भयभीत न हों, अपनी सत्यनिष्ठा का दीपक स्वयं बनें।"

।। कलयुग का सूत्र : सूत्र १ ।।

"ईश्वर से 'डरना' बंद करो, ईश्वर को 'समझना' आरम्भ करो। जो पूजा 'डर' के कारण की जाती है, वह 'रिश्वत' के समान है; और जो श्रद्धा 'अटूट विश्वास' से उत्पन्न होती है, वही वास्तविक 'भक्ति' है। याद रखिये, कलयुग में परमात्मा आप की धूप-दीप की गिनती नहीं, बल्कि आप की 'नियत' की शुद्धता देखता है।"

सूत्र २

अंतः-प्रकाश

(सत्यनिष्ठा बनाम मिथ्या-लाभ का द्वंद्व)

।। सूत्र ।।

"सत्यनिष्ठा वह आंतरिक प्रकाश है जिसे क्षणिक लाभ का लोभ बुझा नहीं सकता। संसार जिसे 'बेवकूफी' कहता है, वह यथार्थ में एक योद्धा की वह 'अग्नि-परीक्षा' है जिसमें तपकर चरित्र कुंदन बनता है।"

।। संवाद और विवेचना ।।

आज का कुरुक्षेत्र उस समय और भी भीषण हो जाता है जब समाज आप की ईमानदारी को आप की विवशता मान लेता है। जब आप अनुचित लाभ या छल के मार्ग को त्यागते हैं, तो व्यवस्था आप को 'लकीर का फकीर' कहकर उपहास करती है। यथार्थ संहिता का सूत्र २ (मरीचिका का बाज़ार) यहाँ स्पष्ट दिखाई देता है—जहाँ लोग झूठ और

प्रपंच को 'व्यवहारिकता' का नाम देकर अपनी तिजोरियां भर रहे हैं।

यह समाज आप को डराएगा कि "सीधे पेड़ सबसे पहले काटे जाते हैं," किंतु वे यह भूल जाते हैं कि जड़ से उखड़ते भी वही पेड़ हैं जिनमें गहराई नहीं होती। सत्य अस्थाई रूप से विचलित हो सकता है, किंतु वह कभी पराजित नहीं होता। मिथ्या-लाभ उस अमरबेल की भांति है जो दूसरों का रक्त चूसकर बढ़ती है, किंतु सत्यनिष्ठा वह अंतः-प्रकाश है जो घोर अंधकार में भी आप का मार्ग आलोकित रखता है। कुरुक्षेत्र में खड़ा आज का योद्धा वही है जो लाभ के लिए अपनी अंतरात्मा का सौदा नहीं करता।

।। आत्म-साधना ।।

आज जब आप अपने कार्यक्षेत्र की ओर प्रस्थान करें, तो स्वयं से यह प्रतिज्ञा करें— "आज मेरी जेब रिक्त भले ही रहे, किंतु मेरी आत्मा कलुषित नहीं होगी।" जब भी कोई अनुचित लाभ आप के द्वार पर दस्तक दे, तो अपने अंतः-प्रकाश को जाग्रत करें। याद रखें कि बेईमानी से अर्जित धन शांति

और संतोष दोनों छीन लेता है। अपनी वैचारिक दृढ़ता को बनाए रखना ही आज की सबसे बड़ी तपस्या है।

।। बोध-वाक्य ।।

"सत्य का मार्ग संकरा है, पर मंज़िल बड़ी महान।
झूठ का महल ऊँचा सही, पर नींव है रेत समान॥"

।। सूत्र-सार ।।

"ईमानदारी का फल किसी बाज़ार में नहीं प्राप्त होता, वह तो आप के 'मन के संतोष' में निवास करता है। संसार की प्रशंसा हेतु अपनी अंतरात्मा की आवाज़ का दमन मत कीजिये।"

।। कलयुग का सूत्र : सूत्र २ ।।

"ईमानदारी का फल 'बाजार' में नहीं मिलता, 'मन' में मिलता है। बेईमानी से कमाया धन 'नींद' और 'चैन' दोनों छीन लेता है। कलयुग में ईमानदार होना 'बेवकूफी' नहीं, बल्कि सबसे बड़ी 'बहादुरी' है।"

सूत्र ३

वैचारिक स्वाधीनता

(पर-तुलना के कुहासे से आत्म-बोध की ओर)

।। सूत्र ।।

"पर-तुलना वह मानसिक कारागार है जहाँ मनुष्य अपनी शक्तियों को विस्मृत कर दूसरों के भाग्य की दासता स्वीकार कर लेता है। वैचारिक स्वाधीनता का अर्थ है—संसार की सफलताओं के कोलाहल में स्वयं की 'लय' को पहचानना और उसी पर अडिग रहना।"

।। संवाद और विवेचना ।।

आज का कुरुक्षेत्र उन अदृश्य बाणों से लड़ा जा रहा है जो शब्द बनकर आप के कानों के मार्ग से आप के अंतर्मन को छलनी करते हैं। यथार्थ का अवलोकन करें—जब कोई आगंतुक आप के द्वार पर आता है और आप के जीवन की शांति को दूसरों के 'महलों' या 'वैभव' से तौलता है, तो वह

वस्तुतः एक घुसपैठिया है जो आप के संतोष की चोरी करने आया है।
यथार्थ संहिता का सूत्र २ (मरीचिका का बाज़ार) यहाँ स्पष्ट परिलक्षित होता है। समाज आप को 'अन्य की प्रगति' का उदाहरण देकर आप की अपनी यात्रा को अपराध बोध से भर देना चाहता है। किंतु स्वयं संहिता का सूत्र २६ (हंस-विवेक) सिखाता है कि प्रत्येक अस्तित्व अद्वितीय है। यदि सूर्य और चंद्र के उदय का समय भिन्न है, तो आप का और अन्य का गंतव्य एक कैसे हो सकता है? दूसरों की 'चमक' उधार लेकर जीने से श्रेयस्कर है कि अपनी 'कुटिया' के दीपक को अपनी सत्यनिष्ठा के तेल से प्रज्वलित रखा जाए। तुलना केवल ईर्ष्या और दरिद्रता को जन्म देती है, जबकि आत्म-बोध असीम आंतरिक वैभव का द्वार है।

।। आत्म-साधना ।।

आज जब कोई आप की तुलना दूसरों से करे या समाज आप को आप की 'प्रतिष्ठा' का बोध कराने का प्रयास करे, तो अपने भीतर इस सूत्र को जाग्रत

करें— "मैं किसी अंधी दौड़ का प्रतिभागी नहीं हूँ, मैं अपनी ही यात्रा का एकाकी पथिक हूँ।" दूसरों के पद और प्रदर्शन को देखकर स्वयं को न्यून न

समझें। रात्रि के एकांत में अपनी उन सूक्ष्म विजयों का स्मरण करें जो आप ने अपनी मर्यादा से अर्जित की हैं। वही आप का वास्तविक साम्राज्य है।

।। बोध-वाक्य ।।

"दूजे के महलों को देख, मत कर मन को मलीन।
तेरी कुटिया में बसा, सुख का तत्व नवीन॥"

।। सूत्र-सार ।।

"तुलना वह छिद्र है जिससे आप के संतोष का जल विलीन हो जाता है। अपनी प्रगति को संसार के पैमानों से नहीं, बल्कि अपनी 'अंतरात्मा की शांति' से मापिये।"

।। कलयुग का सूत्र : सूत्र ३ ।।

"दूसरों की 'सफलता' से अपनी 'खुशी' की तुलना मत करो। सूर्य और चंद्र, दोनों प्रकाशित होते हैं, किंतु अपने-अपने नियत समय पर। जो संबंधी या मित्र घर आकर आप का मनोबल तोड़े, वह शुभचिंतक नहीं, अपितु आप के सुखों का 'व्यापारी' है।"

सूत्र ४

मर्यादित शक्ति

(सहनशीलता की सीमा और क्षमता की गर्जना)

।। सूत्र ।।

"क्षमा तभी तक धर्म है जब तक वह प्रतिपक्षी को आत्म-सुधार का अवसर दे; किन्तु यदि क्षमा को निर्बलता मान लिया जाए, तो वह अपनी ही क्षमता का अनादर है। कायरता के आवरण में ढकी हुई सहनशीलता अधर्म की सबसे बड़ी सहयोगी है।"

।। संवाद और विवेचना ।।

आज का कुरुक्षेत्र आप के भीतर चल रहे उस द्वंद्व का है, जहाँ समाज आप की 'भलमनसाहत' को आप की 'कायरता' सिद्ध करने पर तुला है। यथार्थ का अवलोकन करें—जब आप मर्यादा का पालन करते हुए विवाद से बचते हैं, तो अज्ञानी समाज इसे आप का भय समझ लेता है।

स्वयं संहिता का सूत्र १५ (तूफ़ान और घास) हमें विपरीत परिस्थितियों में झुकना तो सिखाता है, किन्तु यथार्थ संहिता का सूत्र १८ (प्रतिशोध और क्षमा) सचेत करता है कि क्षमा केवल सामर्थ्यवान का आभूषण है। अपनी मर्यादा की रक्षा हेतु अडिग खड़ा होना 'क्रोध' नहीं, अपितु आप की 'वैचारिक क्षमता' का परिचय है। जैसे समुद्र शांत रहकर भी अपनी सीमाओं को नहीं छोड़ता, वैसे ही मनुष्य को अपनी सहनशीलता की एक मर्यादा निश्चित करनी चाहिए। यदि कोई आप की शांति को भंग कर आप के स्वाभिमान को कुचलने का दुस्साहस करे, तो वहाँ मौन रहना धर्म नहीं, वरन अधर्म को पोषण देना है। सत्य की रक्षा हेतु शक्ति का स्मरण करना अनिवार्य है।

।। आत्म-साधना ।।

आज स्वयं के भीतर झांकें और विचार करें कि आप की शांति का आधार 'संयम' है या 'भय'? यदि आप सत्य के पक्ष में खड़े हैं, तो अपनी क्षमता को पहचानें। अन्याय को सहना, उसे बढ़ावा देने के समान है। आज से यह संकल्प लें कि आप

किसी के साथ अन्याय करेंगे नहीं, और न ही अपने आत्म-सम्मान का उल्लंघन स्वीकार करेंगे। 'मर्यादित गर्जना' का अर्थ अहंकार नहीं, अपितु सत्य की रक्षा हेतु अपनी गरिमा का भान कराना है।

।। बोध-वाक्य ।।

"सहनशीलता शस्त्र है, पर सीमा है अनिवार्य।
शक्ति बिना जो मौन है, वह भय का ही कार्य॥"

।। सूत्र-सार ।।

"शांति और सहनशीलता का अर्थ शस्त्र डालना नहीं है। संसार केवल 'मौन' को नहीं पूछता, वह उस 'शक्ति' को पूजता है जो मौन रहने का सामर्थ्य रखती है। अपनी क्षमता का बोध तभी कराएं जब मर्यादा का अतिक्रमण हो।"

।। कलयुग का सूत्र : सूत्र ४ ।।

"शांत रहना कमजोरी नहीं है, लेकिन गलत को सहना अपराध है। कीचड़ में पत्थर फेंकने से कपड़े अपने ही गंदे होते हैं, इसलिए कई बार इंसान चुप रह जाता है। मगर स्मरण रहे—दुनिया 'मौन' को नहीं, 'शक्ति' को पूजती है। जब शराफत को कायरता समझा जाने लगे, तब सत्य के पक्ष में दृढ़ता से खड़ा होना ही वास्तविक धर्म है।"

सूत्र ५

जड़ता का पाश

(अंध-अनुकरण का त्याग और व्यक्तिगत विवेक)

।। सूत्र ।।

"भीड़ का हिस्सा बनना सुरक्षा का भ्रम तो दे सकता है, किन्तु वह आपकी मौलिकता की बलि ले लेता है। जैसा कि 'स्वयं संहिता' के सूत्र १८ (दो अधूरे लोग) में स्पष्ट है—दूसरों में खुशियाँ मत खोजो; क्योंकि जब स्वयं की अपूर्णता को बाहर तलाशा जाता है, तब मनुष्य केवल जड़ता और भीड़ का अनुगामी बनकर रह जाता है।"

।। संवाद और विवेचना ।।

आज का कुरुक्षेत्र उस समय और भी जटिल हो जाता है जब हम अपनी प्रसन्नता और सत्य की खोज करने के बजाय मात्र 'संख्या' की खोज करने लगते हैं। यथार्थ का अवलोकन करें—आज समाज में एक अंधी दौड़ मची है। जैसा कि आपने अनुभव

किया, चौराहे पर खड़े सैकड़ों लोग एक ही दिशा में भाग रहे हैं, और यदि आप किसी को रोककर कारण पूछें, तो उत्तर मिलता है— "सब भाग रहे हैं, इसलिए मैं भी भाग रहा हूँ।"

यहाँ आपकी स्वयं संहिता का वह शाश्वत नियम चरितार्थ होता है— 'दो अधूरे लोग'। जब मनुष्य भीतर से रिक्त होता है, तो वह अपनी खुशियों के लिए दूसरों पर या भीड़ पर निर्भर हो जाता है। यह निर्भरता ही उसे 'लोक-प्रवाह' का दास बना देती है। कलयुग का यह 'भीड़-तंत्र' इसी मानवीय कमजोरी का लाभ उठाकर आपकी स्वतंत्र चेतना को निगल जाता है। आज 'सत्य' उसे मान लिया गया है जिसे 'अधिक लोग' मान रहे हैं, भले ही वह मिथ्या हो।

भीड़ साहस का भ्रम तो देती है, पर संकट के समय आपकी 'पहचान' छीन लेती है। इस जड़ता को तोड़िए। अपनी खुशियों को बाहर के कोलाहल में नहीं, बल्कि अपने भीतर के एकांत में खोजिए। जो दूसरों के पदचिह्नों का अंध-अनुकरण करता है, वह कभी अपने वास्तविक गंतव्य तक नहीं पहुँच पाता।

।। आत्म-साधना ।।

आज एकांत में बैठें और सूत्र १८ का मनन करें। विचार करें कि क्या आप अपनी खुशियों की चाबी दूसरों के हाथों में सौंपकर स्वयं 'अधूरे' तो नहीं रह गए हैं? भीड़ का आवरण ओढ़ने के बजाय अपनी आंतरिक पूर्णता पर कार्य करें। अपनी मौलिकता को जाग्रत करना ही इस पाश से मुक्ति का एकमात्र मार्ग है।

।। बोध-वाक्य ।।

"भीड़ सदा उस राह चले, जहाँ सुलभ हो ज्ञान।
पर वीर वही जो पूर्ण हो, तजकर भीड़ का मान॥"

।। सूत्र-सार ।।

"सत्य और सुख अक्सर 'एकांत' में प्राप्त होते हैं, बाज़ार के कोलाहल में नहीं। अपनी मौलिकता की रक्षा कीजिए, क्योंकि परमात्मा ने आपको किसी की प्रतिलिपि बनने के लिए नहीं, बल्कि अपने पूर्ण स्वरूप में जीने के लिए भेजा है।"

।। कलयुग का सूत्र : सूत्र ५ ।।

"भीड़ के साथ चलोगे, तो वहीं पहुँचोगे जहाँ सब जा रहे हैं। किन्तु यदि आप दूसरों में खुशियाँ ढूंढना बंद कर स्वयं के सत्य के साथ अकेले चलोगे, तो कदाचित वहाँ पहुँच जाओगे जहाँ आज तक कोई नहीं पहुँचा। भीड़ की प्रसन्नता क्षणिक है, आत्म-बोध शाश्वत है।"

॥ खण्ड २ : व्यवस्था का चक्रव्यूह ॥
(यथार्थ संहिता का व्यावहारिक पक्ष)

सूत्र ६

पुरुषार्थ का छल

(श्रम की अवहेलना और व्यवस्था का कुटिल-तर्क)

।। सूत्र ।।

"जिस व्यवस्था में श्रम का स्वेद (पसीना) कौड़ियों में बिकता हो और कुटिल-तर्क स्वर्ण-मुद्राएँ बटोरता हो, वह समाज पुरुषार्थ का नहीं, अपितु 'छल' का पोषक है। कर्म का वास्तविक फल जब 'सिस्टम' के षड्यंत्रों का खिलौना बन जाए, तब मनुष्य का पुरुषार्थ संशय के घेरे में खड़ा हो जाता है।"

।। संवाद और विवेचना ।।

आज का कुरुक्षेत्र उस समय अत्यंत वीभत्स प्रतीत होता है जब हम प्रत्यक्ष रूप से 'अधर्म' को फलते-फूलते देखते हैं। यथार्थ का अवलोकन करें—उस तपती धूप में ईंटें ढोते मजदूर के फटे वस्त्र और दूसरी ओर वातानुकूलित अट्टालिकाओं

में बैठकर मात्र 'शब्दों के प्रपंच' से लाखों का वारा-न्यारा करने वाले बिचौलिये का ठाठ। क्या यही वह 'न्याय' है जिसका आश्वासन हमें सिद्धांतों में दिया गया है?

यथार्थ संहिता का यह कड़वा पक्ष हमें सचेत करता है कि आज के कलयुगी चक्रव्यूह में केवल 'गधे' जैसा परिश्रम पर्याप्त नहीं है। व्यवस्था एक ऐसी 'फिसलन भरी सीढ़ी' बन गई है जहाँ एक ईमानदार व्यक्ति जितना ऊपर चढ़ने का प्रयास करता है, व्यवस्था की कुटिलता उसे उतनी ही तेजी से नीचे धकेल देती है। आज की विडंबना यह है कि जो 'हथौड़ा' चलाता है, उसके हाथ रिक्त हैं और जो केवल 'भ्रामक तर्क' (छल) चलाता है, उसकी तिजोरी भरी है।

व्यवस्था भले ही अंधी हो जाए, आपकी 'अंतरात्मा' का न्याय कभी अंधा नहीं होता। यह सांसारिक छल क्षणिक है, जबकि पुरुषार्थ से निर्मित आप का 'चरित्र' ही वह वास्तविक अमोघ शस्त्र है जो अंततः विजयी होगा। व्यवस्था के इस छल को पहचानना ही युद्ध जीतने की पहली सीढ़ी है।

।। आत्म-साधना ।।

आज जब आप समाज में इस विसंगति को देखें, तो अपने भीतर के उत्साह को विलीन न होने दें। स्वयं से यह प्रश्न करें— "क्या मैं उस छली जैसी शांतिहीन समृद्धि चाहता हूँ या अपनी मेहनत से अर्जित गौरवपूर्ण संतोष?" अपनी भावी पीढ़ी को यह सत्य अवश्य सिखाएं कि पुरुषार्थ के साथ-साथ 'व्यवस्था की कुटिलता' को समझना भी अनिवार्य है, ताकि वे इस चक्रव्यूह में केवल प्रवेश करना न जानें, अपितु उसे भेदकर बाहर निकलना भी सीखें।

।। बोध-वाक्य ।।

"पसीने की बूँदों का, जहाँ मोल न कौड़ी पाय।
चतुर चपल छल-छद्म से, जग को लूटत जाय॥"

।। सूत्र-सार ।।

"व्यवस्था के छल से पराजित न हों। कर्म की महत्ता बाज़ार के लाभ से नहीं, बल्कि आप के आत्म-सम्मान की दृढ़ता से मापी जाती है। नींव में

दबी ईंट भले ही अदृश्य हो, किन्तु संपूर्ण अट्टालिका का भार वही वहन करती है।"

।। कलयुग का सूत्र : सूत्र ६ ।।

"कलयुग में केवल 'परिश्रम' पर्याप्त नहीं, 'सजगता' भी अनिवार्य है। कुल्हाड़ी कितनी भी तीव्र हो, यदि दिशाहीन चलाई जाए तो परिणाम शून्य ही होगा। आज के युग में 'कर्म' के साथ-साथ 'सिस्टम के षड्यंत्र' को समझना ही आप का वास्तविक सुरक्षा-कवच है।"

सूत्र ७

योग्यता का शोध
(मिथ्या-प्रशंसा का त्याग और जड़ों का सामर्थ्य)

।। सूत्र ।।

"संसार उन लताओं को पूजता है जो पर-आश्रय से शिखर स्पर्श करती हैं, किन्तु यथार्थ केवल उन जड़ों का आदर करता है जिन्होंने अंधकार में रहकर भी अस्तित्व को थामे रखा। योग्यता का प्रदर्शन 'भ्रम' है, और योग्यता का संरक्षण 'तप' है।"

।। संवाद और विवेचना ।।

आज का कुरुक्षेत्र उस व्यवस्था की कुटिलता को उजागर करता है जहाँ 'बाह्य-आडंबर' ही 'योग्यता' का पर्याय बन गया है। यथार्थ का अवलोकन करें—अपनी कर्मभूमि पर क्या आप अपने पुरुषार्थ से पहचाने जा रहे हैं, या वहाँ उन लोगों

का आधिपत्य है जो केवल 'मिथ्या-वंदन' के शस्त्र से ऊँचाइयाँ नाप रहे हैं?

यथार्थ संहिता का व्यावहारिक पक्ष यहाँ चेताता है कि आज की व्यवस्था ने 'परजीवी प्रवृत्तियों' को 'श्रम-निष्ठ संस्कारों' से ऊँचा स्थान दे दिया है। लोग कर्म के प्रति समर्पण के कारण नहीं, बल्कि 'मिथ्या-आश्रय' और 'अंध-अनुकरण' के कारण पुरस्कृत हो रहे हैं। यह योग्यता का सम्मान नहीं, अपितु व्यवस्था का चारित्रिक पतन है।

यदि आप अपनी गरिमा को त्यागकर केवल 'क्षणभंगुर प्रशंसा' पाने के लिए विवश होकर झुक रहे हैं, तो आपने स्वयं को भी उस 'अमरबेल' जैसा बना लिया है जिसका अपना कोई मौलिक आधार नहीं। स्वयं संहिता सिखाती है कि बरगद की जड़ें भले ही लोक-नज़रों से ओझल रहें, पर वे ही पूरे वृक्ष के अस्तित्व का भार उठाती हैं। सच्चा योद्धा वह है जो अपनी जड़ों (सिद्धांतों) पर अडिग रहता है, चाहे उसे समय की प्रतिकूल आंधियों में एकाकी ही क्यों न खड़ा होना पड़े।

।। आत्म-साधना ।।

आज एकांत में बैठकर अपनी कार्यशैली का साक्षी भाव से अवलोकन करें। क्या आपका पुरुषार्थ

दूसरों की नज़रों में स्थान पाने की व्याकुलता है या स्वयं की आत्मा की संतुष्टि? अपनी जड़ों (बुनियादी संस्कारों) को पहचानें। स्वयं से कहें— "मेरी पहचान किसी बाह्य अनुमोदन की मोहताज नहीं है। मैं वह वटवृक्ष हूँ जिसकी सामर्थ्य उसकी गहराई में है, न कि क्षणिक प्रदर्शन में।" जब प्रदर्शन का मोह शांत होता है, तभी वास्तविक योग्यता का उदय होता है।

।। बोध-वाक्य ।।

"मिथ्या-वंदन की सीढ़ी से प्राप्त शिखर, मात्र एक मृगतृष्णा है।
अपने संस्कारों के सामर्थ्य पर अडिग रहना ही, वास्तविक विजय है॥"

।। सूत्र-सार ।।

"उत्कर्ष का अर्थ केवल ऊर्ध्वगमन (ऊपर चढ़ना) नहीं, बल्कि अपनी मर्यादा की रक्षा करते हुए स्थिर रहना है। अमरबेल शिखर तक तो पहुँचती है, पर उसका अपना कोई स्वाभिमानी चरित्र नहीं होता। अपनी जड़ों की रक्षा स्वयं करें।"

।। कलयुग का सूत्र : सूत्र ७ ।।

"पर-सफलता से अपनी वैयक्तिक प्रसन्नता की तुलना न करें। सूर्य और चन्द्रमा दोनों का अपना प्रकाश है, जो समय आने पर ही प्रस्फुटित होता है। 'मिथ्या-आश्रय' के सहारे ऊपर चढ़ने वाले सदैव पतन के भय में रहते हैं, क्योंकि उनके पास आत्म-योग्यता का कोई धरातल नहीं होता। स्मरण रहे, कलयुग में सीधे और मर्यादित खड़े रहना ही आज का वास्तविक योग है।”

सूत्र ८

अर्थ-मर्यादा

(लोक-कल्याण के आवरण में छिपा आर्थिक शोषण)

।। सूत्र ।।

"संसार कहता है कि धन तुच्छ है, किन्तु यथार्थ यह है कि धन के अभाव में धर्म की रक्षा भी दुष्कर है। धन परमात्मा नहीं है, पर आज के कुरुक्षेत्र में वह वह ऊर्जा है जिसके बिना 'पुरुषार्थ' पंगु हो जाता है। मर्यादा धन के संग्रह में नहीं, उसके अर्जन की शुद्धि में है।"

।। संवाद और विवेचना ।।

आज का कुरुक्षेत्र उस आर्थिक विषमता का साक्षी है जहाँ पसीना बहाने वाला कर्मयोगी रिक्त हस्त है और 'मिथ्या-वंदन' व छल का सहारा लेने वाला बिचौलिया वैभव में लीन है। यथार्थ का अवलोकन करें—समाज आपको 'त्याग' और 'संतोष' का उपदेश देता है, किन्तु स्वयं उसी 'स्वर्ण-मृग' के

पीछे भाग रहा है। क्या यह उपदेश भक्ति है या निर्धनों को शांत रखने का एक कुटिल-तर्क? यथार्थ संहिता का आर्थिक पक्ष यहाँ स्पष्ट करता है कि व्यवस्था ने 'श्रम' का मूल्य घटाकर 'चातुर्य' (छल) का मूल्य बढ़ा दिया है। एक ईमानदार व्यक्ति जब अपनी मर्यादा के कारण अनुचित लाभ का त्याग करता है, तो समाज उसे 'अक्षम' या 'मूर्ख' घोषित कर देता है। यह धन का अभाव नहीं, अपितु समाज की दृष्टि का दरिद्र होना है। यदि आप धन को पूर्णतः नकार रहे हैं, तो आप जीवन की व्यवहारिकता से पलायन कर रहे हैं। स्वयं संहिता सिखाती है कि धन एक 'साधन' है, 'साध्य' नहीं। सच्चा योद्धा वह है जो धन अर्जित तो करता है, पर उसे अपने चरित्र पर हावी नहीं होने देता। जिस दिन आप यह समझ लेंगे कि धन 'मर्यादित उपभोग' के लिए है न कि 'अंध-संग्रह' के लिए, उसी क्षण आपकी दरिद्रता का अंत और 'अर्थ-शुद्धि' का आरम्भ हो जाएगा।

।। आत्म-साधना ।।

आज अपने धनार्जन के स्रोतों और अपनी आवश्यकताओं का निष्पक्ष विश्लेषण करें। क्या

आपकी धन की लालसा आपके मानसिक शांति की बलि ले रही है? स्वयं से कहें— "मैं धन का स्वामी हूँ, उसका दास नहीं। मेरा पुरुषार्थ मुझे वैभव भी देगा और संतोष भी।" जब अभाव का भय समाप्त होता है, तभी 'मर्यादित लक्ष्मी' का हृदय और घर में वास होता है।

।। बोध-वाक्य ।।

"छल से भरा कोष, हृदय में सन्नाटा लाता है।
ईमानदारी की सूखी रोटी भी, परमानंद जगाती है॥"

।। सूत्र-सार ।।

"राजा को 'कर' और व्यक्ति को 'लाभ' उस माली की तरह लेना चाहिए जो वृक्ष को सींचता भी है; उस कसाई की तरह नहीं जो केवल काटना जानता है। धन के बिना जीवन की गति रुक जाती है, पर चरित्र के बिना धन दुर्गति लाता है।"

।। कलयुग का सूत्र : सूत्र ८ ।।

"ईमानदारी का फल 'बाजार' में नहीं, 'अंतरात्मा' में खोजो। आज के दौर में धन के बिना सब व्यर्थ है, यह एक कड़वा सत्य है; किन्तु यह भी सत्य है कि बेईमानी से कमाया धन अंततः 'भय' के रूप में वापस निकलता है। याद रखिये, कलयुग में धन वह 'धनुष' है जो यदि धर्म के हाथ में हो तो रक्षक है, और अधर्म के हाथ में हो तो भक्षक।"

सूत्र ९ :

मायाजाल मुक्ति

(यंत्रों का सम्मोहन और एकांत का महाशास्त्र)

।। सूत्र ।।

"यंत्रों का आविष्कार मनुष्य की 'सुविधा' के लिए हुआ था, किन्तु यथार्थ यह है कि आज यंत्र 'स्वामी' हैं और मनुष्य उनका 'स्वैच्छिक दास'। जो आँखें कभी आकाश के तारों को पढ़ती थीं, वे आज इन 'माया-दर्पणों' के सम्मोहन में कैद हैं। मुक्ति यंत्रों के त्याग में नहीं, अपितु उनके भीतर छिपे 'आभासी तिलस्म' से जागने में है।"

।। संवाद और विवेचना ।।

आज का कुरुक्षेत्र एक 'छद्म आभासी युद्ध' बन चुका है। व्यवस्था ने 'चित्त-विभ्रम' और मिथ्या-सूचनाओं के चक्रव्यूह को रचकर, आपके अस्तित्व का अनिवार्य आवरण इस 'माया-दर्पण'

को बना दिया है, जो आपकी चेतना को निरंतर मूर्छित और दिग्भ्रमित रख रहा है।
यथार्थ का अवलोकन करें—आप यंत्र को नहीं चला रहे, बल्कि इस 'माया-दर्पण' के पीछे छिपे हुए उन कुटिल सूत्रों के खिलौने मात्र हैं, जो आपके समय की चोरी करके अपना साम्राज्य खड़ा कर रहे हैं। क्या यह तकनीकी प्रगति है या मानव मस्तिष्क की स्वतंत्रता का सुव्यवस्थित विनाश? व्यवस्था ने 'संवाद' को 'सूचना-अंकों' में बदल दिया है। आप हज़ारों लोगों से जुड़े हैं, किन्तु स्वयं से कोसों दूर हैं। यह मायाजाल आपको 'एकांत' से डराता है, क्योंकि एकांत में पहुँचते ही आपको अपनी 'रिक्तता' का अहसास होता है।
यदि आप इस 'माया-दर्पण' के बिना एक क्षण भी व्याकुल हो रहे हैं, तो समझ लीजिये कि आप 'यंत्र-दासता' की 'आभासी-श्रृंखलाओं' में जकड़े हैं।
स्वयं संहिता सिखाती है कि एकांत वह 'महाशास्त्र' है जिससे आप अपनी खोई हुई शक्ति पुनः प्राप्त कर सकते हैं। जिस दिन आप बाहर के इस कोलाहल को बंद कर 'भीतर के सन्नाटे' को सुनना सीख लेंगे, उसी क्षण इस चक्रव्यूह के तार टूट जाएँगे।
।। आत्म-साधना ।।

आज अपनी 'यंत्र-निर्भरता' का कठोर विश्लेषण करें। क्या आपका दिन इस 'माया-दर्पण' को निहारने से शुरू और उसी पर समाप्त होता है? स्वयं से कहें— "मैं अपनी चेतना का स्वामी हूँ। यह यंत्र मेरा एक बाह्य-साधन है, मेरा अस्तित्व नहीं।" प्रतिदिन कम से कम एक प्रहर का कुछ अंश 'पूर्ण यंत्र-विश्राम' का पालन करें। उस एकांत में अपनी श्वासों और विचारों के साक्षी बनें। जब बाहर का शोर शांत होता है, तभी 'स्व' का बोध आरम्भ होता है।

।। बोध-वाक्य ।।

"माया-दर्पण की झूठी चमक, भीतर का प्रकाश हर लेती है।
एकांत का गहरा मौन ही, आत्म-ज्ञान की शक्ति देता है॥"

।। सूत्र-सार ।।

"यंत्रों का उपयोग उस 'घोड़े' की तरह करें जो आपको गंतव्य तक ले जाए; उस 'सवार' की तरह

नहीं जो आपके ही ऊपर चढ़ जाए। सूचनाओं का अंबार ज्ञान नहीं है, और आभासी जुड़ाव प्रेम नहीं है। एकांत ही वह भट्टी है जहाँ चरित्र कुंदन बनता है।"

।। कलयुग का सूत्र : सूत्र ९ ।।

"कलयुग में 'मौन' सबसे महँगी वस्तु है और 'एकांत' सबसे बड़ा विलास। इस 'अभेद-व्यूह' में वह पराजित होता है जो 'असावधान' है, और वह विजयी होता है जो 'जागृत द्दष्टा' बनकर अपनी 'एकाग्रता' को सुरक्षित रखता है। याद रखिये, 'माया-दर्पण' का सम्मोहन वह 'कालकूट विष' है जो मीठा लगता है, किन्तु अंततः आपकी 'स्वतंत्र सोच' को मार देता है। एकांत का महाशास्त्र अपनाइये, वरना आप केवल एक 'उपभोक्ता' बनकर रह जाएँगे, 'मनुष्य' नहीं।"

सूत्र १०

संबंध-यथार्थ

(आभासी जगत के मुखौटे और हृदय की रिक्तता)

।। सूत्र ।।

"कलयुग के इस कुरुक्षेत्र में 'संबंध' हृदय की प्रगाढ़ता से नहीं, अपितु 'सुविधा और लाभ' की कसौटी पर तौले जाते हैं। जहाँ संवाद केवल मुखौटों के मध्य होता है, वहाँ मनुष्य का अस्तित्व भीड़ में भी एकाकी रह जाता है।"

।। संवाद और विवेचना ।।

यथार्थ का निष्पक्ष अवलोकन करें तो ज्ञात होता है कि वर्तमान युग में मानवीय संबंधों का आधार 'भावना' के स्थान पर 'उपयोगिता' हो गया है। आज व्यक्ति का सम्मान उसके गुणों अथवा चरित्र से नहीं, अपितु उसके 'वैभव' और 'पद' की शक्ति से मापा जाता है। जब तक मनुष्य किसी प्रयोजन की सिद्धि में सहायक होता है, समाज उसके प्रति

अनुराग प्रदर्शित करता है; किंतु स्वार्थ की पूर्ति होते ही वही समाज विमुख हो जाता है।

दिखावे की यह प्रवृत्ति एक ऐसे वैचारिक कुहासे को जन्म देती है, जहाँ व्यक्ति दूसरों की दृष्टि में सफल होने के प्रयास में अपनी आंतरिक शांति का परित्याग कर देता है। यथार्थ संहिता यह बोध कराती है कि बाह्य जगत के ये क्षणभंगुर संबंध उस मृगतृष्णा के समान हैं, जो अंततः केवल रिक्तता प्रदान करते हैं। जो संबंध मनुष्य की मर्यादा की रक्षा न कर सके और उसकी अस्मिता को मात्र एक वस्तु समझे, वह संबंध आत्मिक उन्नति में बाधक है। वास्तविक विजय स्वयं के सत्य से जुड़ने में है, न कि बाह्य मुखौटों के प्रदर्शन में।

।। आत्म-साधना ।।

इस सूत्र को जीवन में आत्मसात करने हेतु साधक को निम्नलिखित 'यथार्थ साधना' का अनुसरण करना चाहिए:

१. सम्बन्धों का साक्ष्य भाव: एकांत में बैठकर स्वयं के जीवन में व्याप्त संबंधों का तटस्थ भाव से विश्लेषण करें। यह देखें कि उनमें से कितने संबंध 'स्वार्थ' की नींव पर खड़े हैं और कितने 'सत्य' की।

जो मात्र लाभ हेतु जुड़े हैं, उनके प्रति आसक्ति का त्याग करें।

२. प्रशंसा के मोह से मुक्ति: समाज की मिथ्या प्रशंसा और मुखौटों की मुस्कुराहट की भूख का दमन करें। स्वयं के चरित्र को इतना सुदृढ़ बनाएं कि आपको अपनी स्वीकार्यता के लिए दूसरों के प्रमाण-पत्र की आवश्यकता न रहे।

३. मौन और एकांत का आश्रय: प्रतिदिन कुछ समय पूर्ण मौन धारण कर अंतर्मुखी होने का प्रयास करें। जब मनुष्य स्वयं के साथ समय व्यतीत करना सीख जाता है, तो वह दूसरों के द्वारा दिए गए 'अकेलेपन' के भय से मुक्त हो जाता है।

४. मर्यादा का संरक्षण: यदि कोई संबंध आपकी मानवीय गरिमा और नैतिक मूल्यों का उल्लंघन करे, तो वहां दृढ़ता से अपनी सीमा रेखा निर्धारित करें। 'मर्यादित दूरी' ही कई बार आत्म-सम्मान की रक्षा का एकमात्र मार्ग होती है।

।। बोध-वाक्य ।।

"भीड़ बहुत है साथ में, पर मन है एकाकी।

रिश्ते सब व्यापार हैं, स्वार्थ ही बस बाकी॥"

।। कलयुग का सूत्र : सूत्र १० ।।

"कलयुग में संसार व्यक्ति को नहीं, उसकी 'स्थिति' को नमन करता है। अतः संसार को संतुष्ट करने के उपक्रम में अपनी मर्यादा को विस्मृत न करें। जो संकट के काल में अडिग होकर साथ खड़ा रहे, वही वास्तविक संबंधी है, शेष तो मात्र काल-चक्र के दर्शक हैं।"

खण्ड ३ : शंखनाद
(रूपांतरण और विजय)

सूत्र ११

चारित्रिक गांडीव

(भावी पीढ़ी हेतु संस्कारों की वसीयत)

।। सूत्र ।।

"संसार की समस्त भौतिक संपदा और स्वर्ण-भंडार समय की धूल में विलीन हो सकते हैं, किंतु 'चरित्र' की वसीयत कभी नष्ट नहीं होती। जो भावी पीढ़ी को केवल सुविधाएँ सौंपता है, वह उसे पंगु बनाता है; किंतु जो उसे 'संस्कारों का गांडीव' प्रदान करता है, वह उसे अजेय बनाता है।"

।। संवाद और विवेचना ।।

कलयुग के इस कुरुक्षेत्र में सबसे बड़ी विडंबना यह है कि पूर्वज अपनी आने वाली पीढ़ी के लिए बैंक-कोष और भू-संपत्ति का संचय करने में अपना संपूर्ण जीवन व्यतीत कर देते हैं, किंतु उस 'नैतिक बल' को विस्मृत कर देते हैं जिसके बिना वह संपत्ति भी संकट बन जाती है। यथार्थ का सूक्ष्म अवलोकन करें तो ज्ञात होगा कि बिना संस्कारों

की संपत्ति अक्सर विलासिता और पतन का कारण बनती है।

'चारित्रिक गांडीव' का अर्थ है—वह आंतरिक सामर्थ्य और विवेक जो कठिन से कठिन परिस्थितियों में भी मनुष्य को विचलित नहीं होने देता। अपनी संतान को यह सिखाना कि 'सत्य' पर अडिग कैसे रहा जाता है और 'अधर्म' के विरुद्ध शंखनाद कैसे किया जाता है, यही वास्तविक थाती (धरोहर) है। जब जीवन का रणक्षेत्र वैचारिक कुहासे से घिर जाए और मार्ग अदृश्य हो जाए, तब संस्कारों की यही वसीयत एक योद्धा को विजय के पथ पर अग्रसर करती है। यह वसीयत शस्त्रों से नहीं, अपितु संस्कारों से रची जाती है।

।। आत्म-साधना ।।

इस सूत्र को जीवन में ढालने और भावी पीढ़ी तक पहुँचाने हेतु साधक को निम्नलिखित 'साधना' करनी चाहिए:

१. विरासत का पुनर्निर्धारण: एकांत में बैठकर स्वयं से प्रश्न करें कि आप अपनी अगली पीढ़ी को क्या सौंप रहे हैं? केवल विलासिता के साधन या वह 'चरित्र' जिसे देखकर वे गौरव का अनुभव कर

सकें। अपनी संपत्ति से पूर्व अपने 'सिद्धांतों' को स्पष्ट करें।

२. उदाहरण का सृजन: वसीयत केवल शब्दों से नहीं लिखी जाती, वह आचरण से लिखी जाती है। यदि आप चाहते हैं कि आपकी संतान मर्यादा का पालन करे, तो आपको स्वयं के जीवन को मर्यादा का जीवंत उदाहरण बनाना होगा। आपका आचरण ही उनका 'गांडीव' बनेगा।

३. वैचारिक शस्त्रों का ज्ञान: अपनी पीढ़ी को यह बोध कराएं कि संसार उन्हें उनकी परिस्थितियों से तौलने का प्रयास करेगा, किंतु उन्हें स्वयं को अपने 'विवेक' से मापना है। उन्हें संघर्षों से लड़ना सिखाएं, न कि उनसे पलायन करना।

४. धरोहर का संरक्षण: प्रतिदिन कुछ समय निकालकर अपनी परंपराओं, गौरवपूर्ण इतिहास और अनुभवों के सूत्रों को संवाद के माध्यम से आने वाली पीढ़ी के हृदय में अंकित करें। यही वह निवेश है जो समय के साथ और भी मूल्यवान होता जाता है।

।। बोध-वाक्य ।।

"स्वर्ण-कोष तो रिक्त हो, समय की बहती धार।

पर चरित्र की वह वसीयत, कभी न माने हार॥"

।। कलयुग का सूत्र : सूत्र ११ ।।

"कलयुग में अपनी संतान को केवल 'संपत्ति' मत दीजिये, उन्हें वह 'संस्कार' दीजिये जो संपत्ति के अभाव में भी उन्हें साम्राज्य खड़ा करने का सामर्थ्य प्रदान करें। याद रखिये, संस्कारविहीन संतान संपत्ति को नष्ट कर देती है, किंतु चरित्रवान संतान अपनी मर्यादा से संपूर्ण जगत को जीत लेती है।"

सूत्र १२

समय का यथार्थ

(प्रतीक्षा का अंत और रण का निश्चय)

।। सूत्र ।।

"प्रतीक्षा का अर्थ जड़ता अथवा कायरता नहीं, अपितु शक्ति का मौन संचय है। जब मर्यादा के समस्त बांध टूट जाएँ और सत्य केवल अपमान सहने की विवशता बन जाए, तब काल स्वयं शंखनाद करता है और वह समय 'याचना' का नहीं, अपितु 'रण' का होता है।"

।। संवाद और विवेचना ।।

संसार का यह शाश्वत नियम है कि प्रत्येक वस्तु और परिस्थिति का एक नियत समय होता है। कलयुग के इस कुरुक्षेत्र में अक्सर मर्यादा का पालन करने वाले व्यक्ति को 'मन्द' या 'निर्बल' मान लिया जाता है। लोग उसकी सहनशीलता को उसकी विवशता समझने की भूल कर बैठते हैं। किंतु यथार्थ यह है कि एक मर्यादित योद्धा की

प्रतीक्षा, उस सिंह की भांति होती है जो छलांग लगाने से पूर्व दो पग पीछे हटता है।

जब अधर्म का अंधकार इतना सघन हो जाए कि वह सत्य के अस्तित्व को ही निगलने का प्रयास करने लगे, तब मौन रहना भी एक अपराध बन जाता है। 'समय का यथार्थ' हमें यह बोध कराता है कि कब तक झुकना 'संस्कार' है और कब खड़ा हो जाना 'धर्म' है। यदि समय की पुकार के बाद भी मनुष्य शस्त्र (वैचारिक या कर्मगत) नहीं उठाता, तो वह स्वयं अपनी दुर्गति का उत्तरदायी होता है। विजय उसी की होती है जो समय की गति को पहचानकर, अपनी पूरी शक्ति के साथ रणक्षेत्र में उतरने का निश्चय कर लेता है।

।। आत्म-साधना ।।

इस सूत्र को जीवन की रणभेरी बनाने हेतु साधक को निम्नलिखित साधना करनी चाहिए:

१. मौन शक्ति का संचय: अपनी ऊर्जा को व्यर्थ के विवादों में नष्ट न करें। जब समय आपके अनुकूल न हो, तब मौन रहकर अपनी मानसिक और चारित्रिक शक्ति को एकत्रित करें। यह 'प्रतीक्षा काल' आपकी तैयारी का समय है।

२. निर्णय की स्पष्टता: स्वयं से प्रश्न करें कि क्या आप भय के कारण चुप हैं या मर्यादा के कारण? यदि उत्तर 'मर्यादा' है, तो उस सीमा को निर्धारित करें जिसके पार जाते ही आप अपने सत्य के लिए उद्घोष करेंगे।

३. परिस्थिति का आकलन: भावुकता में आकर रण का निश्चय न करें, अपितु ठंडे दिमाग से समय और परिस्थिति को तौलें। जब आपको लगे कि अब 'अति' हो चुकी है और मौन रहना अधर्म को बढ़ावा देना है, तब बिना किसी संकोच के अपना पक्ष रखें।

४. भय का परित्याग: एक बार जब आप रण का निश्चय कर लें, तो फिर परिणाम की चिंता छोड़ दें। 'रण' का अर्थ केवल शारीरिक युद्ध नहीं, बल्कि अपने सिद्धांतों के लिए दृढ़ता से खड़े होना है। डर को त्यागकर किया गया निश्चय ही आपको अजेय बनाता है।

।। बोध-वाक्य ।।

"मर्यादा की सीमा तक, सहना ही है धर्म।

सीमा लांघे शत्रु जब, रण ही है सत्कर्म॥"

।। कलयुग का सूत्र : सूत्र १२ ।।

"कलयुग में सीधे पेड़ ही सबसे पहले काटे जाते हैं, इसलिए अपनी शालीनता को इतनी भी सरल मत बनाइये कि कोई भी उसे कुचल कर चला जाए। समय को पहचानिये—जब तक बात 'स्वयं' के अपमान की हो, क्षमा शोभा देती है; किंतु जब बात 'सत्य और मर्यादा' के विनाश की हो, तब काल-रूप धारण करना ही एकमात्र विकल्प शेष रह जाता है।"

सूत्र १३

आत्म-विजय

(भीतर के स्व-अंधत्व का विनाश और शंखनाद)

।। सूत्र ।।

"बाहरी कुरुक्षेत्र को जीतने से पूर्व अंतर्मन के उस 'अंधकार' को पराजित करना अनिवार्य है, जो मनुष्य को स्वयं की त्रुटियाँ देखने से रोकता है। जो व्यक्ति मोहवश अपनी ही दुर्बलताओं के प्रति अंधा बना रहता है, वह संसार के कुटिल छल को भेदने का सामर्थ्य कभी अर्जित नहीं कर सकता।"

।। संवाद और विवेचना ।।

यथार्थ का सबसे बड़ा अवरोध बाहर नहीं, बल्कि हमारे अपने भीतर का 'स्व-अंधत्व' है। कलयुग के इस युग में मनुष्य अक्सर दूसरों के दोष देखने में तो बहुत प्रखर होता है, किंतु जब बात स्वयं के आचरण की आती है, तो वह मोह का चश्मा पहन लेता है। हम अपनी गलतियों को 'मजबूरी' का नाम देते हैं और दूसरों की गलतियों को 'अपराध'

मानते हैं। यही वह आंतरिक अंधकार है जो मनुष्य के विवेक को हर लेता है।

'आत्म-विजय' का अर्थ है—अपने भीतर छिपे उस अहंकार और मोह का नाश करना जो हमें सत्य का साक्षात्कार नहीं करने देता। एक सच्चा योद्धा वही है जो अपनी तलवार चलाने से पहले अपने चरित्र की शुद्धता को परखता है। जब तक आप यह स्वीकार नहीं करेंगे कि आपके भीतर भी लोभ, ईर्ष्या या भय का अंश शेष है, तब तक आप उनसे मुक्त होकर वास्तविक 'शंखनाद' नहीं कर पाएंगे। जब भीतर का यह वैचारिक कुहासा छंटता है, तभी बुद्धि में वह स्पष्टता आती है जो विजय का आधार बनती है।

।। आत्म-साधना ।।

इस सूत्र को जीवन में उतारने हेतु साधक को निम्नलिखित 'यथार्थ साधना' करनी चाहिए:

१. साक्षी भाव से आत्म-समीक्षा: प्रतिदिन कुछ समय पूर्ण मौन में बैठें और अपने पूरे दिन के व्यवहार का एक निष्पक्ष साक्षी की भांति अवलोकन करें। अपनी उन प्रतिक्रियाओं को पहचानें जहाँ आपने 'सत्य' के स्थान पर 'अहंकार' को चुना।

२. मोह के आवरण का त्याग: विचार करें कि क्या आपका कोई व्यक्तिगत स्वार्थ या किसी वस्तु के प्रति अत्यधिक जुड़ाव आपको सही निर्णय लेने से रोक रहा है? मोह का त्याग ही निर्भयता का प्रथम सोपान है।

३. अंतर्मन का परिमार्जन: अपने भीतर के सत्य को जाग्रत करें। जैसे ही मन किसी अनुचित मार्ग की ओर बढ़े, उसे विवेक के अंकुश से तुरंत रोकें। स्वयं पर नियंत्रण पाना ही संसार पर नियंत्रण पाने की पहली सीढ़ी है।

४. स्पष्ट दृष्टि का विकास: परिस्थितियों को अपनी इच्छा के अनुसार नहीं, बल्कि उनके वास्तविक स्वरूप में देखना आरम्भ करें। जब आप अपनी कमियों को स्वीकार करने का साहस जुटा लेते हैं, तभी आप उन्हें बदलने की शक्ति भी प्राप्त करते हैं।

।। बोध-वाक्य ।।

"बाहर के वैरी तो बस, निमित्त मात्र ही जान।

भीतर का अंधत्व ही, हरता वैभव मान॥"

।। कलयुग का सूत्र : सूत्र १३ ।।

"कलयुग में सबसे कठिन युद्ध स्वयं के विरुद्ध है। जो दुनिया को जीतने का दंभ भरता है, उसे समय विस्मृत कर देता है; किंतु जिसने अपने 'अहंकार' और 'मोह' पर विजय प्राप्त कर ली, वह अजेय हो जाता है। अपने भीतर के प्रकाश को जगाइये, क्योंकि वास्तविक विजय की यात्रा वहीं से आरम्भ होती है।"

सूत्र १४

अब याचना नहीं, रण होगा

(अंतिम शंखनाद और उद्‌घोष)

।। सूत्र ।।

"याचना निर्बलों का अंतिम आश्रय हो सकती है, किंतु एक मर्यादित योद्धा के लिए वह आत्म-समर्पण के समान है। जब न्याय के समस्त द्वार कुटिलता से बंद कर दिए जाएँ, तब मौन रहना अधर्म है; उस क्षण केवल 'रण' ही एकमात्र शुचि (पवित्र) मार्ग शेष रह जाता है।"

।। संवाद और विवेचना ।।

यथार्थ का कठोर सत्य यह है कि यह संसार केवल विनय की भाषा नहीं समझता। कलयुग के इस कुरुक्षेत्र में यदि आप अत्यधिक सरल और विनयी बने रहेंगे, तो व्यवस्था और समाज आपको कुचलने में संकोच नहीं करेंगे। 'याचना' करने का अर्थ है—अपनी शक्ति को दूसरे के पैरों में डाल देना। किंतु इतिहास साक्षी है कि अधिकार कभी

मांगकर नहीं, अपितु अपने सामर्थ्य से अर्जित किए जाते हैं।

'रण' का अर्थ केवल शस्त्र उठाना नहीं है, बल्कि अपने सिद्धांतों के लिए पूरी प्रखरता के साथ अडिग हो जाना है। जब आप यह निश्चय कर लेते हैं कि अब आप अन्याय को स्वीकार नहीं करेंगे, वही वास्तविक शंखनाद है। यह उद्‌घोष इस बोध से उत्पन्न होता है कि आप अकेले नहीं हैं, आपके साथ 'सत्य' की शक्ति है। जब विनम्रता को कायरता समझा जाने लगे, तब अपनी शक्ति का प्रदर्शन करना ही शांति स्थापना का एकमात्र उपाय होता है। अब समय याचना का नहीं, अपितु अपने अस्तित्व और मर्यादा हेतु रणक्षेत्र में उतरने का है।

।। आत्म-साधना ।।

इस सूत्र को अपने चरित्र में अग्नि की भांति प्रज्वलित करने हेतु निम्नलिखित साधना करें:

१. आत्म-सम्मान का जागरण: स्वयं को यह स्मरण कराएं कि आप किसी की दया के पात्र नहीं हैं। अपनी रीढ़ को सीधा रखें और अपनी आँखों में वह तेज लाएं जो अन्याय करने वाले के मन में भय उत्पन्न कर सके।

२. याचना का परित्याग: आज से यह संकल्प लें कि आप अपने हक़ और अपनी मर्यादा के लिए किसी के सामने गिड़गिड़ाएंगे नहीं। सहायता मांगना अलग बात है, किंतु स्वाभिमान खोकर कुछ प्राप्त करना 'विष' के समान है।

३. दृढ़ संकल्प की शक्ति: जो सत्य आप ने अपने भीतर अनुभव किया है, उसे बाहर निर्भयता से कहें। जब आप बिना डरे अपनी बात रखते हैं, तो आधी विजय वहीं प्राप्त हो जाती है। आपकी वाणी में 'रण' का वह संकल्प होना चाहिए जो विरोधियों के कुटिल-तर्कों को भस्म कर दे।

४. परिणाम से मुक्ति: जब आप रण का निश्चय कर लें, तो फिर जय-पराजय के भय से मुक्त हो जाएं। युद्ध वही हारता है जो लड़ने से पहले ही मन में हार मान लेता है। सत्य के लिए लड़ना ही अपने आप में एक बड़ी विजय है।

।। बोध-वाक्य ।।

"विनय न मानत जड़ जगत, देखत मन्द स्वभाव।

रण की ज्वाला जब जगे, तब ही बने प्रभाव॥"

।। कलयुग का सूत्र : सूत्र १४ ।।

"कलयुग का यह सत्य स्वीकार कीजिये कि जो बहुत अधिक झुकता है, व्यवस्था उसे ही बोझ ढोने का पात्र बना देती है। शांति की खोज का अर्थ यह नहीं है कि आप अपने आत्म-सम्मान की आहुति दे दें। जहाँ संवाद के सारे मार्ग अवरुद्ध हो जाएँ और आपकी शराफत को आपकी निर्बलता समझा जाने लगे, वहाँ अपनी शक्ति का उद्‌घोष करना ही वास्तविक 'मर्यादा' है। उठिये! क्योंकि अब याचना का अध्याय समाप्त हो चुका है, अब केवल रण होगा।"

खण्ड ४ : विजय पथ
(संहिता संगम)

सूत्र १५

रण-कौशल

(जीवन के युद्ध में 'स्वयं संहिता' के नियमों का प्रयोग)

।। सूत्र ।।

"बाहरी जगत का युद्ध केवल साहस से नहीं, अपितु अंतर्मन के अनुशासन से जीता जाता है। जब भीतर की 'स्वयं संहिता' के नियम, बाहर की 'यथार्थ संहिता' के कौशल से मिलते हैं, तब मनुष्य केवल योद्धा नहीं, अपितु एक अजेय 'ऋषि-योद्धा' बन जाता है।"

।। संवाद और विवेचना ।।

मेरे प्रिय पाठकों, रण-कौशल का अर्थ केवल प्रहार करना नहीं है, बल्कि प्रहार के समय स्वयं पर नियंत्रण रखना है। कलयुग के इस कुरुक्षेत्र में अक्सर लोग आवेश में आकर रणक्षेत्र में उतर तो जाते हैं, किंतु अपने अंतर्मन के असंतुलन के कारण पराजित हो जाते हैं। 'स्वयं संहिता' हमें सिखाती है कि जब चारों ओर कोलाहल हो, तब अपने भीतर 'शून्य' कैसे रहा जाए। यदि आपका

मन शांत नहीं है, तो आपकी योजनाएं कभी सफल नहीं होंगी।

यथार्थ का संगम यहाँ होता है कि आप बाहर की कुटिल व्यवस्था को तभी भेद सकते हैं जब आप भीतर से सुदृढ़ हों। रण-कौशल वह कला है जिसमें आप शत्रुओं के छल का उत्तर अपनी 'सत्यनिष्ठा' और 'विवेक' से देते हैं। युद्ध में विजय शस्त्रों की संख्या से नहीं, बल्कि आपके 'चारित्रिक तेज' और 'धैर्य' से प्राप्त होती है। जिसने स्वयं को जीत लिया, उसके लिए संसार का कोई भी चक्रव्यूह अभेद्य नहीं रह जाता।

।। आत्म-साधना ।।

इस रण-कौशल को आत्मसात करने हेतु साधक को निम्नलिखित 'यथार्थ साधना' करनी चाहिए:

१. स्थिर प्रज्ञता का अभ्यास: परिस्थिति चाहे कितनी भी विपरीत क्यों न हो, अपनी बुद्धि को विचलित न होने दें। प्रतिदिन स्वयं संहिता के नियमों के अनुसार ध्यान करें ताकि बाहरी झंझावात आपके मानसिक संतुलन को न डिगा सकें।

२. रणनीति और संयम: युद्ध केवल बल से नहीं, बुद्धि से लड़ा जाता है। अपने प्रहार (वाणी या कर्म) को तब तक रोक कर रखें जब तक कि सही समय न आ जाए। असंयमित योद्धा युद्ध आरम्भ होने से पहले ही परास्त हो जाता है।

३. शून्य का आश्रय: रणक्षेत्र के मध्य में भी अपने भीतर एक 'एकांत' बनाए रखें। जहाँ दूसरे लोग घृणा और क्रोध में अंधे हो रहे हों, वहाँ आप निष्पक्ष होकर परिस्थिति का अवलोकन करें। यही वह 'ऋषि-दृष्टि' है जो आपको अजेय बनाती है।

४. मर्यादा का कवच: युद्ध के दौरान भी अपनी मर्यादा का परित्याग न करें। अधर्म का उत्तर अधर्म से देना सरल है, किंतु अधर्म को 'मर्यादित शक्ति' से परास्त करना ही वास्तविक रण-कौशल है।

।। बोध-वाक्य ।।

"भीतर संयम की डोरी, बाहर रण का वेग।

वही जीतता युद्ध को, जिसकी दृष्टि सतेज॥"

।। कलयुग का सूत्र : सूत्र १५ ।।

"कलयुग में विजय उसी की होती है जिसका स्वयं पर पूर्ण स्वामित्व होता है और जिसकी मानसिक शांति की चाबी दूसरों के हाथ में नहीं होती। यदि शत्रु आपको क्रोधित करने में सफल हो गया, तो समझ लीजिये कि आप युद्ध आरम्भ होने से पूर्व ही पराजित हो चुके हैं। स्वयं को भीतर से इतना अनुशासित कीजिये कि दुनिया का कोई भी प्रपंच आपकी स्थिरता को भंग न कर सके। अनुशासित मन ही संसार का सबसे बड़ा अस्त्र है।"

सूत्र १६

महापथ की यात्रा

(कुरुक्षेत्र से 'यथार्थ संहिता' की ओर प्रस्थान)

।। सूत्र ।।

"कुरुक्षेत्र का युद्ध केवल एक पड़ाव है, गंतव्य नहीं। वास्तविक विजय वह है जब मनुष्य संघर्षों के कोलाहल से ऊपर उठकर उस 'यथार्थ' को प्राप्त कर ले, जहाँ द्वंद्व समाप्त हो जाते हैं और केवल 'सत्य' शेष रह जाता है।"

।। संवाद और विवेचना ।।

मेरे प्रिय साधकों, यह यात्रा जो 'स्वयं संहिता' के अनुशासन से आरम्भ हुई थी और 'आज के कुरुक्षेत्र' के संघर्षों से गुज़री, वह अब एक महापथ की ओर बढ़ रही है। जीवन का उद्देश्य केवल युद्ध लड़ना नहीं है, बल्कि उस चेतना को प्राप्त करना है जहाँ हमें यह बोध हो जाए कि हम इस संसार के प्रपंचों से कहीं अधिक विशाल हैं।

'यथार्थ संहिता' की ओर प्रस्थान का अर्थ है—जीवन के हर कड़वे और मीठे अनुभव को स्वीकार कर लेना। जब आप अपनी मर्यादा और सत्य पर अडिग रहते हुए इस संसार के चक्रव्यूह को भेद देते हैं, तब आपके भीतर एक नई दृष्टि का जन्म होता है। यह वह दृष्टि है जो शत्रु में भी परमात्मा का अंश देखती है और हार में भी जीत का सूत्र खोज लेती है। यहाँ से हमारी यात्रा 'अशांति' से 'परम शांति' की ओर और 'भ्रम' से 'बोध' की ओर बढ़ती है।

।। आत्म-साधना ।।

इस महापथ का पथिक बनने हेतु निम्नलिखित अंतिम साधना अनिवार्य है:

१. दृष्टि का विस्तार: अपनी दृष्टि को केवल 'स्व' और 'स्वार्थ' तक सीमित न रखें। संसार को एक साक्षी भाव से देखें। जब आप तटस्थ होकर जीवन को देखते हैं, तो बड़े से बड़े संकट भी छोटे प्रतीत होने लगते हैं।

२. अनुभवों का अर्जन: जीवन के प्रत्येक रणक्षेत्र से कुछ न कुछ सीखें। आपकी असफलताएँ आपकी गुरु हैं और आपकी सफलताएँ आपकी

विनम्रता की परीक्षा। इन सबको अपनी 'यथार्थ संहिता' का हिस्सा बनाएं।

३. परम लक्ष्य का स्मरण: याद रखें कि कुरुक्षेत्र के युद्ध के बाद भी जीवन शेष रहता है। अपने भीतर उस 'कृष्ण' (विवेक) को सदैव जाग्रत रखें, जो आपको कर्म करने की प्रेरणा तो दे, किंतु फल की आसक्ति से मुक्त रखे।

४. निरंतरता का संकल्प: यह साधना किसी एक पुस्तक या अध्याय के साथ समाप्त नहीं होती। यह प्रतिपल चलने वाली प्रक्रिया है। अपने चारित्रिक गांडीव को सदैव सज्जित रखें, क्योंकि कलयुग में हर नया दिन एक नया कुरुक्षेत्र लेकर आता है।

।। बोध-वाक्य ।।

"कुरुक्षेत्र की धूल से, उपजा है यह ज्ञान।

यथार्थ के महापथ पर, अब होगा प्रस्थान॥"

।। कलयुग का सूत्र : सूत्र १६ ।।

"कलयुग में वही व्यक्ति सुखी है जो युद्ध के मध्य में भी 'बुद्ध' (शांत) रहना जानता है। कुरुक्षेत्र आपको लड़ना सिखाता है, और 'यथार्थ' आपको जीना सिखाता है। इस ग्रंथ की यात्रा यहाँ विश्राम लेती है, किंतु आपके जीवन का वास्तविक शंखनाद अब आरम्भ होता है। उठो! और अपने भाग्य के रचयिता स्वयं बनो।"

॥ अंतिम अध्याय ॥

कलयुग के १६ महासूत्र

यह १६ सूत्र इस संपूर्ण ग्रंथ का निचोड़ हैं, जो पाठक के लिए जीवन-पथ के प्रकाश-स्तंभ बनेंगे।

।। सूत्र १ ।।

"परमात्मा का स्मरण अनिष्ट के भय से नहीं, अपितु आत्मिक अनुराग से होना चाहिए।"

कलयुग का सूत्र: ईश्वर से 'डरना' बंद करें और उन्हें 'समझना' आरम्भ करें। भय से की गई पूजा 'याचना' है, और प्रेम से किया गया समर्पण ही 'भक्ति' है।

।। सूत्र २ ।।

"सत्यनिष्ठा वह आंतरिक प्रकाश है जिसे क्षणिक लाभ का लोभ बुझा नहीं सकता।"

कलयुग का सूत्र: ईमानदारी का फल बाज़ार में नहीं, 'मन के संतोष' में मिलता है। बेईमानी से अर्जित वैभव केवल अशांति और अनिद्रा ही उपहार में देता है।

।। सूत्र ३ ।।

"पर-तुलना वह मानसिक कारागार है जहाँ मनुष्य अपनी शक्तियों को विस्मृत कर देता है।"

कलयुग का सूत्र: सूर्य और चंद्रमा दोनों अपने-अपने समय पर प्रकाशित होते हैं। दूसरों की चमक देखकर स्वयं को न्यून (छोटा) समझना आत्म-बोध का अपमान है।

।। सूत्र ४ ।।

"क्षमा सामर्थ्यवान का आभूषण है, किंतु कायरता का आवरण नहीं।"

कलयुग का सूत्र: शांत रहना संस्कार है, किंतु अन्याय सहना अपराध है। जब शराफत को निर्बलता समझा जाने लगे, तब अपनी शक्ति का परिचय देना ही मर्यादा है।

।। सूत्र ५ ।।

"भीड़ का हिस्सा बनना सुरक्षा का भ्रम तो देता है, किंतु वह आपकी मौलिकता की बलि ले लेता है।"

कलयुग का सूत्र: भीड़ उस मार्ग पर चलती है जो सुलभ हो, योद्धा उस मार्ग पर चलता है जो सत्य हो। अपनी पहचान भीड़ में विलीन न होने दें।

।। सूत्र ६ ।।

"जिस व्यवस्था में श्रम का मूल्य न हो, वह पुरुषार्थ का नहीं अपितु छल का पोषण करती है।"

कलयुग का सूत्र: व्यवस्था के कुटिल-तर्कों से पराजित न हों। कर्म की महत्ता बाज़ार के लाभ से नहीं, बल्कि आपके आत्म-सम्मान की दृढ़ता से मापी जाती है।

।। सूत्र ७ ।।

"योग्यता का शोध विज्ञापन में नहीं, अपितु जड़ों की गहराई में होता है।"

कलयुग का सूत्र: मिथ्या प्रशंसा की भूख का त्याग करें। जिस वृक्ष की जड़ें सत्य में गहरी होती हैं, वही कलयुग के थपेड़ों में अडिग खड़ा रहता है।

।। सूत्र ८ ।।

"लोक-कल्याण के आवरण में छिपा शोषण ही कलयुग का सबसे बड़ा छल है।"

कलयुग का सूत्र: अपनी अर्थ-मर्यादा निश्चित करें। जो धन दूसरों की पीड़ा पर खड़ा हो, वह वैभव नहीं, अपितु आने वाले विनाश का संकेत है।

।। सूत्र ९ ।।

"यंत्रों का सम्मोहन मनुष्य को स्वयं से दूर कर उसे एक यंत्र मात्र बना देता है।"

कलयुग का सूत्र: आभासी जगत के मायाजाल से बाहर निकलें। प्रतिदिन स्वयं के साथ बिताया गया १५ मिनट का एकांत, संसार के समस्त शास्त्रों से बड़ा ज्ञान देता है।

।। सूत्र १० ।।

"रिश्ते जब उपयोगिता की तराजू पर तौले जाने लगें, तो समझें कि आत्मा रिक्त हो चुकी है।"

कलयुग का सूत्र: भीड़ इकट्ठा करने के स्थान पर उन चंद लोगों को सहेजें जो आपके 'बुरे समय' में आपकी 'ढाल' बनकर खड़े रहे। शेष तो मात्र दर्शक हैं।

।। सूत्र ११ ।।

"भावी पीढ़ी को संपत्ति से अधिक संस्कारों का गांडीव सौंपना ही वास्तविक वसीयत है।"

कलयुग का सूत्र: संपत्ति तो नष्ट हो सकती है, पर चरित्र का संबल कभी क्षीण नहीं होता। अपनी संतान को परिस्थितियों से लड़ना सिखाएं, पलायन करना नहीं।

।। सूत्र १२ ।।

"प्रतीक्षा का अर्थ जड़ता नहीं, अपितु सही समय पर शंखनाद करने की तैयारी है।"

कलयुग का सूत्र: जब तक मर्यादा शेष रहे, प्रतीक्षा करें; किंतु जब मर्यादा का हनन होने लगे, तब शंखनाद करना ही आपका परम धर्म है।

।। सूत्र १३ ।।

"बाहरी शत्रुओं से पूर्व अंतर्मन के मोह और अंधकार पर विजय प्राप्त करना अनिवार्य है।"

कलयुग का सूत्र: जो स्वयं की त्रुटियाँ देखने का साहस जुटा लेता है, संसार का कोई भी छल उसे भ्रमित नहीं कर सकता। स्वयं का स्वामी ही जगत का स्वामी है।

।। सूत्र १४ ।।

"जब संवाद विफल हो जाए और न्याय के द्वार बंद हो जाएं, तब याचना नहीं रण करना चाहिए।"

कलयुग का सूत्र: याचना निर्बलों का मार्ग है। अपने अधिकारों और सत्य के लिए पूरी प्रखरता के साथ खड़ा होना ही वास्तविक शंखनाद है।

।। सूत्र १५ ।।

"युद्ध केवल साहस से नहीं, अपितु अंतर्मन के अनुशासन और रण-कौशल से जीता जाता है।"

कलयुग का सूत्र: यदि शत्रु आपको क्रोधित करने में सफल हो गया, तो आप आधा युद्ध हार चुके हैं। अनुशासित मन ही संसार का सबसे अचूक अस्त्र है।

।। सूत्र १६ ।।

"कुरुक्षेत्र एक पड़ाव है, अंतिम लक्ष्य उस परम यथार्थ की शांति को प्राप्त करना है।"

कलयुग का सूत्र: यह ग्रंथ लड़ना तो सिखाता है, पर अंतिम उद्देश्य शांति ही है। कर्म करते रहें, किंतु फल की आसक्ति से मुक्त होकर उस महापथ पर बढ़ें जहाँ सत्य ही परमात्मा है।

॥ उपसंहार ॥

"शस्त्र से शास्त्र तक, और रण से शांति तक की यात्रा"

यह 'आज का कुरुक्षेत्र' कोई सामान्य शब्द-संग्रह या काल्पनिक महाकाव्य नहीं है। यह मेरे स्वयं के अंतर्मन के द्वंद्वों, सामाजिक विषमताओं और उस 'यथार्थ' का जीवंत दस्तावेज़ है, जिसे मैंने कलयुग के इस कोलाहल के बीच अनुभव किया है। कुरुक्षेत्र केवल वह भौगोलिक स्थान नहीं था जहाँ सदियों पूर्व गांडीव की टंकार गूँजी थी; कुरुक्षेत्र वह 'क्षण' है, जहाँ आज भी मनुष्य के संस्कार उसकी विवशताओं से टकरा रहे हैं, जहाँ उसकी ईमानदारी का उपहास उड़ाया जा रहा है, और जहाँ उसके धैर्य को उसकी कायरता समझा जा रहा है।

इस ग्रंथ की यात्रा का मुख्य प्रयोजन आपको केवल संघर्षों के प्रति सचेत करना नहीं था, बल्कि आपको उस **'द्रष्टा-दृष्टि'** से सुसज्जित करना था, जहाँ आप व्यवस्था की कुटिलता को देखते हुए भी अपनी मर्यादा का परित्याग न करें। 'स्वयं संहिता'

ने हमें भीतर से गढ़ा, एक सुदृढ़ आधार दिया। 'आज का कुरुक्षेत्र' ने हमें उस आधार पर खड़े होकर समाज के चक्रव्यूह को भेदने के व्यावहारिक नियम सिखाए। अब यहाँ से जो पथ प्रशस्त होता है, वह हमें **'यथार्थ संहिता'** की उस परम शांति की ओर ले जाएगा—जहाँ कर्म और चेतना एक हो जाते हैं, जहाँ 'क्या खोया और क्या पाया' के प्रश्न स्वतः ही शांत हो जाते हैं।

मेरे प्रिय पाठकों, याद रखियेगा कि यह संसार आपको आपके पद, प्रतिष्ठा या वैभव से तौलने का प्रयास करेगा। समाज आपको विवश करेगा कि आप भी उसी अंधी दौड़ का हिस्सा बन जाएँ जहाँ छल ही एकमात्र कौशल माना जाता है। किंतु, उस अंधकारमय क्षण में यह ग्रंथ आपके अंतर्मन में एक दीपक की भांति जलना चाहिए। अपनी सत्यनिष्ठा को कभी किसी लाभ के लिए गिरवी मत रखियेगा। आपका चरित्र ही आपका वह 'कवच' है, जिसे भेदने का सामर्थ्य कलयुग की किसी भी कुटिलता में नहीं है।

जब कभी आपको लगे कि आप अकेले पड़ गए हैं, जब न्याय के द्वार बंद दिखाई दें, तब इन पन्नों में लिखे सूत्रों को पुनः स्मरण करना। यह केवल मेरे विचार नहीं, यह उस शाश्वत सत्य की प्रतिध्वनि है

जो हर युग में योद्धाओं का मार्गदर्शन करती आई है। अपनी संतान को यह ग्रंथ सौंपते समय उन्हें यह अवश्य बताना कि 'जीतना' महत्वपूर्ण है, किंतु 'मर्यादा में रहकर जीतना' ही वास्तविक विजय है।

अंततः, मैं नतमस्तक हूँ उस परम चेतना के प्रति जिसने मेरी लेखनी को यह सामर्थ्य दिया। यह यात्रा यहाँ विश्राम नहीं ले रही, बल्कि यहाँ से तो आपके वास्तविक जीवन का शंखनाद आरम्भ हो रहा है। उठिये! अपने भीतर के उस योद्धा को जाग्रत कीजिये जो सत्य के पक्ष में खड़े होने का साहस रखता है। अपने 'चारित्रिक गांडीव' को धारण कीजिये और सिद्ध कीजिये कि इस कलुषित युग में भी एक ओजस्वी और मर्यादित जीवन संभव है।

॥ आगामी सोपान: यथार्थ संहिता ॥

"यहाँ 'आज का कुरुक्षेत्र' विश्राम लेता है, किंतु सत्य की खोज का महापथ अभी शेष है। जहाँ इस ग्रंथ ने आपको संसार के चक्रव्यूह में लड़ना और जीतना सिखाया है, वहीं मेरी अगली कृति 'यथार्थ संहिता' आपको उस विजय से भी आगे ले जाएगी। वह यात्रा होगी—रण के कोलाहल से परम शून्य की शांति तक, और कर्म के बंधन से आत्मा की मुक्ति तक।

स्वयं को तैयार रखिये उस 'परम यथार्थ' के साक्षात्कार के लिए, जिसका मार्ग इसी कुरुक्षेत्र की धूल से होकर जाता है।

अब याचना नहीं, रण होगा... और रण के पश्चात 'यथार्थ' का उदय होगा!

॥ शुभमस्तु ॥

॥ सोपान-सेतु : महा-प्रस्थान ॥

(स्वयं संहिता और आज का कुरुक्षेत्र से... यथार्थ संहिता की ओर)

"हे जागृत योद्धा!"

तुमने **'॥ स्वयं संहिता ॥'** के अनुशासन को जिया और स्वयं को एक सुदृढ़ पात्र के रूप में गढ़ा। तत्पश्चात्, तुमने **'॥ आज का कुरुक्षेत्र ॥'** की भीषण रणभूमि में अपनी मर्यादा और चरित्र का गांडीव थामकर विजय प्राप्त की।

अब, जब तुम इन दोनों सोपानों के मर्म को आत्मसात कर चुके हो, तब तुम अपनी यात्रा के उस अंतिम और परम शिखर की ओर प्रस्थान कर रहे हो, जो **'॥ यथार्थ संहिता ॥'** कहलाता है।

यही वह पावन संगम है जहाँ अनुशासन, मर्यादा और सत्य का मिलन होता है, और तुम्हारी यह संपूर्ण यात्रा **'॥ यथार्थ संहितार्थ ॥'** के रूप में पूर्णता को प्राप्त करती है।

यहाँ पहुँचकर—

- योद्धा अपने शस्त्रों और विजय के अहंकार का परित्याग कर **'द्रष्टा'** बन जाता है।
- यहाँ **'प्रेम, परिवार और परमात्मा'** के प्रति मोह का विसर्जन होकर **'पूर्ण समर्पण'** का उदय होता है।
- यहाँ 'मैं' के मिटते ही, खोजने वाला स्वयं उस **'महा-सत्य'** में खो जाता है।

उठो! और इस अंतिम सोपान में प्रवेश करो, जहाँ पहुँचकर फिर कहीं जाना शेष नहीं रहता। वहाँ केवल **'परम सत्य'** शेष रहता है और 'मैं' का अहंकार विसर्जित हो जाता है। यही वह महाशून्य है, जहाँ **'खोजने वाला स्वयं खो जाता है'**—और यही तुम्हारी इस महायात्रा का

'॥ यथार्थ संहितार्थ ॥'

है।

तृतीय सोपान :

॥ यथार्थ संहिता ॥

"भ्रम से यथार्थ की ओर"

(एक युग-परिवर्तक महाग्रंथ)

"स्वयं का बोध ही, समस्त द्वंद्वों का अंत है।"

॥ मंगलाचरण ॥

"सत्यं परं धीमहि।"

हम उस परम सत्य का ध्यान करते हैं,

जो नश्वर शरीर में रहते हुए भी अमर है।

जो कीचड़ में रहकर भी कमल है,

जो अंधकार के गहन तिमिर में भी स्वयं प्रकाश है।

वह सत्य, जो न जन्म लेता है, न मरता है,

जो आदि है, अंत है और अनंत है।

वह सत्य, जो हमारे सुख-दुख, लाभ-हानि और मान-अभिमान से परे,

हमारी चेतना के केंद्र में 'मौन' होकर साक्षी भाव से बैठा है।

हे अंतर्यामी! हे परमेश्वर!

मेरी वाणी को वह सामर्थ्य दें, मेरी लेखनी को वह ओज और पवित्रता दें,

कि मेरे शब्द केवल 'अक्षर' बनकर कागज़ पर न रह जाएँ,

बल्कि सत्य के प्यासे पथिकों के लिए 'प्रकाश-स्तंभ' बन जाएँ।

जैसे सूर्य की पहली रश्मि उदित होकर समस्त जगत का भ्रम हर लेती है,

वैसे ही 'यथार्थ' का यह आलोक अज्ञान की समस्त शृंखलाएँ काट दे।

यह शब्द मेरे नहीं, उस 'परम सत्य' के हों,

जो शून्य में होकर भी अनंत है, और मुझमें होकर भी मौन है।

मेरी लेखनी को वह मर्यादा, वह अदम्य साहस और वह करुणा दें,

कि यह अहंकार के कठोर पाषाणों को तोड़े, पर आत्मा की पावन मूरत गढ़ दे।

यह यथार्थ की ऐसी चोट करे, जो भटकाव के कुहासे को मिटाकर,

हृदय को 'स्वयं' के यथार्थ साक्षात्कार तक पहुँचा दे।

॥ ॐ शांतिः शांतिः शांतिः ॥

॥ आमंत्रण ॥

"हे जिज्ञासु पथिक!

यदि आपने 'स्वयं संहिता' (भाग १) के साथ अपने व्यवहार की शुद्धि, मन के विकारों के शमन और रोजमर्रा के जीवन की उलझनों को सुलझाने की यात्रा पूरी कर ली है,

तो अब समय है एक कदम और गहरे उतरने का। जहाँ प्रथम भाग ने आपके भीतर की भूमि को साफ कर उसे सत्य के बीज बोने के योग्य बनाया, वहीं यह द्वितीय भाग— संहिता'— उस भूमि पर सत्य का प्रचंड सूर्य बनकर उदि'यथार्थत होगा।

यहाँ हम केवल कोमल उपदेशों या सुंदर कल्पनाओं की बात नहीं करेंगे, बल्कि जीवन के उस अनावृत और नग्न सत्य का साक्षात्कार करेंगे जिसे हम 'यथार्थ' कहते हैं।

यह मार्ग उन साहसी यात्रियों के लिए है जो अपनी मान्यताओं के रंगीन पर्दों को हटाकर,

वास्तविकता के धरातल पर नंगे पैर खड़े होने का साहस रखते हैं।

यह ग्रंथ आपके उन शेष भ्रमों और मुखौटों पर अंतिम प्रहार करेगा, जो आपको अब तक अपनी पूर्ण चेतना और आत्मिक शांति से दूर रखे हुए थे।

स्मरण रहे, 'स्वयं' को जानना केवल तैयारी थी, लेकिन 'यथार्थ' को जीना ही वास्तविक सिद्धि है।

यहाँ शब्द केवल संकेत हैं और चोट केवल आपके अहंकार पर है।
यदि आप अपनी पुरानी पहचान की राख से एक नया 'स्वयं' निर्मित करने के लिए तत्पर हैं और यथार्थ के तीखे आलोक में सत्य को उसके वास्तविक स्वरूप में देखने की प्यास रखते हैं...

तो आइए, इस चेतना यात्रा के इस अगले और निर्णायक सोपान में अपने सहयात्री बनें।"

॥ प्रवेश द्वार ॥
(संकल्प और आरम्भ)

सूत्र ०:

मैं कौन हूँ और यह ग्रंथ क्यों

॥ मूल मंत्र ॥

"न तस्य आदिः, न तस्य अंतः।
यथार्थ का बोध ही, समस्त द्वंद्वों का अंत है।

यह शब्द नहीं, यह उस मौन की गूँज है जो आपके भीतर सो रहा है।"

॥ भाष्य ॥

मैं कौन हूँ?

मैं न कोई विद्वान हूँ, न कोई उपदेशक और न ही कोई सिद्ध पुरुष। मैं तो आपकी ही अंतरात्मा का वह 'अजनबी दर्पण' हूँ, जिसमें धूल हटते ही आपको अपने वास्तविक स्वरूप के दर्शन होने लगते हैं।

मैं मात्र एक माध्यम (लेखनी) हूँ; स्याही तो वह 'नग्न यथार्थ' है जो जीवन की भट्टी में जलने के बाद

शेष बची हुई भस्म से बनी है। मेरा अस्तित्व केवल इतना ही है कि मैं आपके और आपके सत्य के बीच खड़े उस पर्दे को हटाने में एक 'निमित्त' बन सकूँ।

यह ग्रंथ क्यों

संसार में सूचनाओं का अंबार है, पर 'बोध' का अभाव है।

हमें दूसरों को समझना और संसार को जीतना तो सिखाया गया, परंतु स्वयं के साथ रहना किसी ने नहीं सिखाया।

जहाँ 'स्वयं संहिता' (भाग १) ने आपके आचरण, मन और दैनिक व्यवहार की सफाई कर आपको एक सुव्यवस्थित मनुष्य बनाया, वहीं यह 'यथार्थ संहिता' (भाग २) आपको उस 'परम सत्य' से साक्षात्कार कराने के लिए है जो शब्दों के पार है।

इस ग्रंथ का प्रयोजन आपको झूठी सांत्वना देना नहीं, बल्कि आपको उस 'सुषुप्ति' (गहरी नींद) से जगाना है जिसे आप अब तक जीवन समझ बैठे थे।

यह प्रवेश द्वार एक 'सीमा रेखा' है। इसके पार कदम रखने का अर्थ है—अपने उन तमाम मीठे झूठों और कल्पनाओं को तिलांजलि देना जो आपको अब तक यथार्थ से दूर रखे हुए थे।

तो आइए, इस चेतना यात्रा के इस अगले और निर्णायक सोपान में अपने सहयात्री बनें।

क्योंकि अब... यथार्थ की चोट आरम्भ होती है।

प्रथम खंड : माया भेद
(भ्रम का निवारण)

सूत्र १ :

अदृश्य शृंखलाएँ (बेड़ियाँ)

।। मूल मंत्र ।।

"जन्मना जायते शूद्रः, कर्मणा जायते द्विजः? नहीं।

जन्म से हर शिशु सम्राट है, समाज उसे दास बनाता है।

तुम्हारे हाथ खुले हैं, पर मन बंधा हुआ है।

यही वह अदृश्य कारागार है, जिसकी दीवारें दिखाई नहीं देतीं।"

।। भाष्य ।।

स्वतंत्रता का भ्रम

हम सब सोचते हैं कि हम स्वतंत्र हैं। हम सोचते हैं कि हमारे विचार हमारे अपने हैं, हमारी पसंद हमारी अपनी है।

किन्तु, सत्य यह है कि हम दूसरों के द्वारा संचालित एक "कठपुतली" की भांति जी रहे हैं।

जिस दिन एक शिशु का जन्म होता है, वह कोरे कागज की तरह पवित्र और मुक्त होता है। उसे नहीं पता कि वह किस कुल का है, किस देश का है, या उसका सामाजिक स्तर क्या है। उसे बस 'होने' का अहसास है।

परन्तु, समाज उस पर तुरंत अपनी मुहर लगाना शुरू कर देता है।

तुम्हें एक नाम दिया जाता है (जो तुमने नहीं चुना)।

तुम्हें ऊँच-नीच का पाठ पढ़ाया जाता है (जो सत्य नहीं है)।

तुम्हें महत्वाकांक्षाएं दी जाती हैं (कि बड़ा होकर तुम्हें क्या बनना है)।

बीस वर्ष की आयु तक आते-आते, वह कोरा कागज पूरी तरह भर चुका होता है। तुम वही सोचते हो जो समाज तुम्हें सोचने को कहता है। तुम वही चाहते हो जो विज्ञापन और बाज़ार तुम्हें चाहने को कहता है।

तीन अदृश्य प्रहरी

तुम्हारी इस मानसिक जेल के तीन पहरेदार हैं:

१. परिवार और समाज: जो तुम्हें सिखाते हैं— "लोग क्या कहेंगे?" यह वाक्य तुम्हारी आत्मा की हत्या करने वाला सबसे बड़ा हथियार है।

२. शिक्षा व्यवस्था: जो तुम्हें प्रश्न करना नहीं, रटना सिखाती है। जो तुम्हें बुद्धिमान नहीं, आज्ञाकारी सेवक बनाना चाहती है।

३. सामाजिक आडंबर: जो तुम्हें प्रतिष्ठा का लालच देकर और अपमान का भय दिखाकर नियंत्रित करते हैं।

जागने का क्षण

हजारों में से कोई एक ही होता है जो रुकता है और पूछता है— "क्या ये विचार मेरे हैं? या मुझ पर थोपे गए हैं?"

जिस दिन तुम यह भेद समझ जाते हो कि तुम्हारे मन में चल रही अधिकांश बातें उधार की हैं, उसी दिन पहली बेड़ी टूट जाती है।

याद रखो, लोहे की जंजीर को तोड़ना आसान है, क्योंकि वह दिखाई देती है। लेकिन विचारों की

जंजीर को तोड़ना सबसे कठिन है, क्योंकि पीड़ित को अपनी जंजीरों से ही प्रेम हो जाता है।

इस ग्रंथ का पहला आदेश यही है: "संदेह करो।"

हर उस नियम पर संदेह करो जो तुम्हें छोटा महसूस कराए।

सूत्र २ :

मरीचिका का बाज़ार (भ्रम)

।। मूल मंत्र ।।

"जिसे तुम शिखर समझ रहे हो, वह केवल एक खाई है।

जिसे तुम जल समझकर दौड़ रहे हो, वह तपती हुई रेत है।

रुको, और देखो—

तुम दौड़ नहीं रहे, तुम केवल भटक रहे हो।"

।। भाष्य ।।

सफलता का छल

पूरा संसार तुम्हें एक ही दिशा में दौड़ा रहा है। बचपन से तुम्हारे कानों में एक ही मंत्र फूँका गया है— "बड़ा बनो, सफल बनो, पद प्राप्त करो, धन एकत्रित करो।"

समाज ने तुम्हें समझाया है कि सुख 'भविष्य' में है।

"जब नौकरी मिलेगी, तब सुख मिलेगा।"

"जब घर बनेगा, तब सुख मिलेगा।"

"जब तिजोरी भरेगी, तब सुख मिलेगा।"

लेकिन यह एक "मरीचिका" (मृगतृष्णा) है।

जैसे रेगिस्तान में प्यासा हिरण पानी की चमक देखकर दौड़ता है, पर पास जाने पर उसे केवल गर्म रेत मिलती है, वैसे ही तुम भी दौड़ रहे हो।

तुमने देखा होगा—जो लोग उस शिखर पर पहुँच गए हैं, जहाँ पहुँचने का तुम स्वप्न देख रहे हो, क्या वे शांत हैं? नहीं, वे तुमसे भी अधिक बेचैन हैं।

उनकी दौड़ अभी थमी नहीं है, बस उनके खिलौने बदल गए हैं।

अतृप्ति का चक्र

यह बाज़ार तुम्हें वस्तुओं से नहीं, बल्कि "अभाव" (कमी) से नियंत्रित करता है। यह तुम्हें महसूस कराता है कि तुम्हारे पास जो है, वह पर्याप्त नहीं है।

तुम्हारे पास एक साधारण वाहन है, तो वे तुम्हें बड़े वाहन का स्वप्न बेचते हैं। तुम्हारे पास छोटा घर है, तो वे बड़े महल का अभाव पैदा करते हैं।

यह "और अधिक" पाने की प्यास कभी नहीं बुझती। यह एक ऐसा पात्र है जिसमें छिद्र (छेद) है; तुम इसमें कितना भी जल डालो, वह खाली ही रहेगा।

जीवन का सौदा

तुम इस बाज़ार में क्या खरीद रहे हो? सुख?

नहीं। तुम अपनी "साँसें" बेचकर "सामान" खरीद रहे हो।

तुम अपना "जीवन" (समय) बेचकर "सुविधा" खरीद रहे हो।

अंत में तुम्हारे पास बहुमूल्य शैया (बिस्तर) तो होगी, पर नींद नहीं होगी।

भोजन तो होगा, पर भूख नहीं होगी। भवन तो होगा, पर घर का सुख भोगने के लिए 'समय' नहीं होगा।

सत्य का दर्शन

इस दौड़ से बाहर निकलने का केवल एक ही उपाय है— "रुक जाना"।

सफलता बाहर जमा करने में नहीं है, सफलता भीतर खिलने में है।

जिसे तुम बाहर ढूँढ रहे हो, वह तुम्हारे भीतर बैठा है। कस्तूरी मृग की नाभि में है, और वह उसे पूरे जंगल में ढूँढ रहा है।

व्यर्थ की दौड़ बंद करो। जहाँ हो, वहीं ठहर कर देखो। जीवन भविष्य में नहीं, अभी और इसी क्षण में है।

सूत्र ३ :
भय का मनोविज्ञान

।। मूल मंत्र ।।

"सिंह पिंजरे में सुरक्षित है, वन में नहीं।

किन्तु, क्या सिंह का जन्म पिंजरे के लिए हुआ है?

भय तुम्हें सुरक्षा का वचन देता है,

और बदले में तुम्हारी स्वतंत्रता छीन लेता है।"

।। भाष्य ।।

अदृश्य कारागृह

संसार की सबसे बड़ी शक्ति 'प्रेम' नहीं, 'भय' बन गई है। गौर से देखो, तुम्हारा पूरा जीवन भय की नींव पर खड़ा है।

तुम्हें भविष्य का भय है।

तुम्हें बीमारी का भय है।

तुम्हें समाज से बहिष्कार (बाहर निकाले जाने) का भय है।

तुम्हें मृत्यु का भय है।

यह भय स्वाभाविक नहीं है, इसे बहुत योजनाबद्ध तरीके से तुम्हारे भीतर डाला गया है। जो डरा हुआ होता है, उस पर शासन करना सबसे सरल होता है। एक निडर व्यक्ति को कोई गुलाम नहीं बना सकता, इसलिए यह व्यवस्था (तंत्र) सबसे पहले तुम्हारी निडरता को मारती है।

भय का व्यापार

समाज और सत्ता तुम्हारे डर का व्यापार करते हैं।

वे पहले एक "काल्पनिक भूत" खड़ा करते हैं, और फिर तुम्हें उससे बचने का "ताबीज" बेचते हैं।

वे कहते हैं— "भविष्य अंधकारमय है," और फिर तुम्हें "सुरक्षा" (बीमा और बचत) बेचते हैं।

वे कहते हैं— "ईश्वर क्रोधित हो जाएगा," और फिर तुम्हें "कर्मकांड" बेचते हैं।

तुम्हें बचपन से यही सिखाया गया— "सुरक्षित रहो, जोखिम मत लो।"

इस सुरक्षा के मोह ने तुम्हें एक कायर प्राणी बना दिया है। तुम जीने से ज्यादा, केवल "बचे रहने" की कोशिश में लगे हो।

मृत्यु का भय: जड़ (मूल कारण)

सारे डरों की जननी "मृत्यु का भय" है।

मनुष्य अपने पद, प्रतिष्ठा और संपत्ति को इसलिए पकड़कर रखना चाहता है क्योंकि उसे लगता है कि ये चीजें उसे मिटने से बचा लेंगी।

परन्तु सत्य यह है कि सुरक्षा केवल एक भ्रम है।

जीवन का स्वभाव ही अनिश्चितता है। कल क्या होगा, यह कोई नहीं जानता।

अभय की ओर

जब तक तुम डरोगे, तब तक तुम्हारा शोषण होता रहेगा।

मुक्ति का मार्ग यह नहीं है कि तुम अपनी सुरक्षा बढ़ा लो। मुक्ति का मार्ग यह है कि तुम असुरक्षा को स्वीकार कर लो।

जिस क्षण तुम यह स्वीकार कर लेते हो कि— "जो होना है, वह होकर रहेगा, मैं उसका सामना करूँगा," उसी क्षण भय का धुआँ छंट जाता है।

पिंजरे का पक्षी सुरक्षित है, उसे भोजन भी समय पर मिलता है, पर उसके पास "आकाश" नहीं है।

निर्णय तुम्हें लेना है— "सुरक्षा चाहिए या आकाश?"

सूत्र ४ :
मुखौटों का सत्य

।। मूल मंत्र ।।

"चेहरे पर चेहरा लगाकर, कब तक मिलोगे?

भीड़ बहुत है, पर कोई अपना नहीं।

तुम जिसे प्रेम कहते हो, वह केवल एक समझौता है।

मुखौटा उतारो, ताकि तुम स्वयं से मिल सको।"

।। भाष्य ।।

अभिनय का मंच

यह संसार एक विशाल रंगमंच है और हम सब केवल 'पात्र' (अभिनय करने वाले) हैं।

गौर से देखो, तुम वह नहीं हो जो तुम दूसरों को दिखाते हो।

जब तुम भीतर से दुखी होते हो, तब तुम मुस्कुराते हो।

जब तुम किसी बात से असहमत होते हो, तब भी तुम सिर हिलाते हो।

जब तुम क्रोध में होते हो, तब भी तुम शांत दिखने का नाटक करते हो।

दूसरों को प्रसन्न करने के लिए तुमने इतने मुखौटे पहन लिए हैं कि अब तुम अपना असली चेहरा ही भूल गए हो।

तुम समाज के लिए 'अच्छे' बनने का प्रयास कर रहे हो, पर भीतर से 'सच्चे' नहीं हो।

रिश्ते या सौदे

जिसे तुम प्रेम या मित्रता कहते हो, क्या वह वास्तव में निस्वार्थ है?

अधिकतर रिश्ते केवल "लेन-देन" (व्यापार) पर टिके हैं।

"तुम मेरी बात मानो, तो मैं तुम्हें प्रेम करूँगा।"

"तुम मेरे काम आओ, तो तुम मेरे मित्र हो।"

हम व्यक्ति से प्रेम नहीं करते, हम उसके 'उपयोग' से प्रेम करते हैं।

जिस दिन वह व्यक्ति हमारे काम का नहीं रहता, हमारा प्रेम भी समाप्त हो जाता है।

यह रिश्ता नहीं, यह सौदा है। पति-पत्नी, मित्र, यहाँ तक कि कभी-कभी माता-पिता और संतान के बीच भी अदृश्य शर्तें होती हैं।

भीड़ में अकेलापन

यही कारण है कि आज मनुष्य सबसे अधिक अकेला है।

हमारे पास 'परिचित' बहुत हैं, पर 'आत्मीयता' नहीं है।

जब दो लोग मिलते हैं, तो दो 'आत्माएं' नहीं मिलतीं, केवल दो 'मुखौटे' हाथ मिलाते हैं।

तुम्हारा असली स्वरूप तुम्हारे मुखौटे के पीछे घुट रहा है, रो रहा है कि कोई तो उसे समझे।

पर कोई कैसे समझेगा? तुमने तो दीवार खड़ी कर रखी है।

नग्नता का साहस

सच्चा रिश्ता वही है जहाँ मुखौटों की आवश्यकता न हो।

जहाँ तुम अपनी कमियों, अपने डर और अपने अंधेरे को भी खुलकर रख सको।

यदि तुम वास्तव में किसी के करीब जाना चाहते हो, तो तुम्हें "निर्वस्त्र" (मानसिक रूप से नग्न) होना पड़ेगा। अपना कवच उतारना होगा।

जो तुम्हारे मुखौटे से प्रेम करता है, वह तुम्हें कभी नहीं जान पाएगा।

और जो तुम्हारे असली रूप को स्वीकार नहीं कर सकता, वह तुम्हारा हो ही नहीं सकता।

सत्य का आह्वान:

डरना छोड़ो कि लोग क्या सोचेंगे। अभिनय बंद करो।

जैसे हो, वैसे ही सामने आओ।

शायद भीड़ कम हो जाएगी, पर जो बचेंगे, वे ही तुम्हारे अपने होंगे।

द्वितीय खंड : आत्म बोध
(स्वयं की पहचान)

सूत्र ५ :

देह और देही

।। मूल मंत्र ।।

"यह देह तुम्हारा आवास है, तुम नहीं।

जैसे रथ टूट जाने पर रथी नहीं मरता,

वैसे ही देह मिट जाने पर तुम नहीं मिटते।

तुम इस माटी के पुतले में बैठे एक 'अतिथि' हो।"

।। भाष्य ।।

"मैं" का भ्रम

जब तुमसे कोई पूछता है— "तुम कौन हो?"

तो तुम अपना नाम बताते हो, या अपनी तस्वीर दिखाते हो।

परन्तु, क्या वह तस्वीर 'तुम्हारी' है? नहीं, वह तस्वीर तुम्हारे 'शरीर' की है।

तुमने अपने शरीर को ही 'स्वयं' मान लिया है। यही अज्ञान सारे दुखों की जड़ है।

जब शरीर को चोट लगती है, तुम कहते हो— "मुझे दर्द हो रहा है।"

जब शरीर बूढ़ा होता है, तुम कहते हो— "मैं बूढ़ा हो गया हूँ।"

जब शरीर की मृत्यु निकट आती है, तुम डरते हो— "मैं मरने वाला हूँ।"

सत्य यह है कि तुम न जन्म लेते हो, न मरते हो। जन्म और मृत्यु केवल इस "वस्त्र" (शरीर) की होती है।

रथ और रथी (चालक)

इसे ऐसे समझो— तुम एक रथ (वाहन) में बैठे हो।

क्या रथ और चलाने वाला एक ही हैं? नहीं।

रथ को भूख लगती है (ईंधन चाहिए), चालक को नहीं।

रथ पुराना होकर टूट सकता है, चालक बाहर निकल कर दूसरे रथ में जा सकता है।

तुम्हारा शरीर वह रथ है। तुम्हारी इन्द्रियां (आँख, कान, नाक) उस रथ के घोड़े हैं। और 'तुम'

(चेतना) वह रथी हो जो पीछे बैठकर सबं देख रहा है।

विडंबना यह है कि रथी सो गया है और घोड़े अपनी मर्जी से रथ को इधर-उधर दौड़ा रहे हैं। इसीलिए जीवन में दुर्घटनाएं हो रही हैं।

साक्षी भाव (देखने वाला)

आत्म-बोध की पहली सीढ़ी है— "देखना"।

अपने शरीर को ऐसे देखो जैसे तुम कोई अलग वस्तु देख रहे हो।

जब भूख लगे, तो यह मत कहो— "मैं भूखा हूँ।"

कहो— "मेरे शरीर को भूख लगी है और मैं इसे देख रहा हूँ।"

जब तुम इस छोटे से अंतर को समझ जाओगे, तो एक अद्भुत घटना घटेगी।

शारीरिक पीड़ा तुम्हें विचलित नहीं कर पाएगी। अपमान तुम्हारे शरीर तक आएगा, पर तुम्हारे भीतर तक नहीं पहुँच पाएगा।

अंतिम सत्य

तुम हाड़-मांस का लोथड़ा नहीं हो।

तुम वह "दिव्य प्रकाश" हो जो इस शरीर को जीवित रखे हुए है। जिस दिन तुम निकल जाओगे, यह शरीर मिट्टी में मिल जाएगा।

तो फिर मिट्टी को सजाने में पूरा जीवन क्यों व्यर्थ कर रहे हो?

उसको जानो, जो इस मिट्टी के भीतर बैठा मुस्कुरा रहा है।

सूत्र ६ :

मन का नियंत्रण

।। मूल मंत्र ।।

"मन एक अद्भुत सेवक है, किन्तु भयानक स्वामी है।

यदि तुम इसे दिशा नहीं दोगे, तो यह तुम्हें भटका देगा।

विचारों के इस कोलाहल को शांत करो,

क्योंकि अशांत जल में प्रतिबिम्ब दिखाई नहीं देता।"

।। भाष्य ।।

विद्रोही सेवक

प्रकृति ने तुम्हें 'मन' जैसा एक शक्तिशाली यंत्र दिया था ताकि तुम जीवन का निर्माण कर सको। परन्तु दुर्भाग्य यह है कि यंत्र ने अपने मालिक पर ही कब्जा कर लिया है।

जरा रुककर देखो— क्या तुम मन को चला रहे हो, या मन तुम्हें चला रहा है?

तुम्हें न चाहते हुए भी क्रोध आता है।

तुम्हें न चाहते हुए भी पुरानी बुरी यादें सताती हैं।

तुम सोना चाहते हो, पर मन विचारों का शोर मचा रहा है।

इसका अर्थ स्पष्ट है— तुम्हारे हाथ से लगाम छूट चुकी है। तुम्हारा नौकर (मन) अब मालिक की कुर्सी पर बैठ गया है और तुम्हें आदेश दे रहा है।

भूत और भविष्य का झूला

यह मन कभी भी "आज" और "अभी" में नहीं टिकता। यह एक पेंडुलम (घड़ी का लोलक) की तरह है जो या तो अतीत में झूलता है या भविष्य में।

या तो यह बीते हुए कल के पछतावे में डूबा रहता है।

या फिर आने वाले कल की चिंता में सूखा जा रहा है।

सत्य यह है कि अतीत मर चुका है और भविष्य अभी जन्मा नहीं है। जीवन केवल "इस क्षण" में है। तुम्हारा मन तुम्हें उस एक जगह रहने ही नहीं देता जहाँ जीवन वास्तव में घट रहा है।

विचारों का व्यसन (लत)

तुम्हें अत्यधिक सोचने की बीमारी लग गई है।

तुम खाली नहीं बैठ सकते। यदि तुम कुछ नहीं कर रहे, तो भी तुम्हारा मन बुनता रहता है— "उसने ऐसा क्यों कहा?", "मेरा क्या होगा?"

यह ऊर्जा का रिसाव है। जैसे एक वाहन खड़ा है लेकिन उसका इंजन चल रहा है,

वैसे ही तुम व्यर्थ में अपनी ऊर्जा जला रहे हो।

शांति का उपाय

मन को रोकने के लिए उससे लड़ो मत। यदि तुम मन को कहोगे— "चुप हो जा", तो वह और अधिक बोलेगा।

इसे नियंत्रित करने का एकमात्र उपाय है— "*इसके प्रति जाग जाना।*"

अपने विचारों को दूर से देखो, जैसे सड़क पर चलते हुए वाहनों को देखते हो।

आने दो विचारों को, और जाने दो। उनमें उलझो मत। किसी विचार को पकड़ो मत।

जब तुम केवल दर्शक बन जाते हो, तो धीरे-धीरे विचारों की गति धीमी होने लगती है। और एक क्षण ऐसा आता है जब मन "शून्य" हो जाता है।

उसी शून्य में, उसी सन्नाटे में तुम्हें अपनी असली शक्ति का अनुभव होगा।

सूत्र ७ :

सुप्त चेतना

।। मूल मंत्र ।।

"आँखें खुली हैं, पर तुम सो रहे हो।

पैर चल रहे हैं, पर तुम्हें मार्ग का भान नहीं।

जागो! इससे पूर्व कि मृत्यु तुम्हें जगाए,

स्वयं को इस गहरी मूर्छा से बाहर निकालो।"

।। भाष्य ।।

जागते हुए सोना

तुम्हें लगता है कि जब तुम बिस्तर से उठ जाते हो, तो तुम 'जाग' गए हो।

परन्तु अध्यात्म की दृष्टि से तुम अभी भी सो रहे हो।

तुम चलते-फिरते, बात करते और काम करते हुए भी एक गहरी नींद में हो।

यकीन नहीं आता? तो स्वयं से पूछो—

आज सुबह तुमने भोजन किया, क्या तुम्हें उसके स्वाद का एक भी क्षण याद है? या तुम विचारों में खोए हुए थे और हाथ अपने आप मुँह तक जा रहा था?

तुम अपने घर से कार्यालय (दफ्तर) तक गए, पर क्या तुमने रास्ते के किसी वृक्ष या आकाश को देखा? या तुम बस पहुँच गए?

यह बेहोशी है। तुम्हारा शरीर वर्तमान में है, पर तुम्हारा मन कहीं और भटक रहा है। तुम यहाँ हो ही नहीं।

यंत्रवत जीवन

तुम्हारा जीवन एक स्वचालित यंत्र (मशीन) की तरह हो गया है। सब कुछ आदतों से हो रहा है।

किसी ने गाली दी, तुमने तुरंत क्रोध किया। (यह चयन नहीं, आदत थी)।

किसी ने प्रशंसा की, तुम प्रसन्न हो गए। (यह भी एक यांत्रिक घटना थी)।

तुम्हारे पास अपनी कोई मर्जी नहीं है। तुम बस बाहरी घटनाओं पर प्रतिक्रिया दे रहे हो। रिमोट

कंट्रोल दूसरों के हाथ में है— वे बटन दबाते हैं और तुम नाचते हो।

जीवन का अपमान

इस तरह बेहोशी में जीना जीवन का अपमान है।

तुम जीवन जी नहीं रहे, बस काट रहे हो। वर्ष बीतते जा रहे हैं और तुम मृत्यु की ओर खिसक रहे हो, बिना यह जाने कि "होना" क्या होता है।

एक बेहोश व्यक्ति कभी प्रेम नहीं कर सकता, कभी आनंदित नहीं हो सकता। वह केवल सुख की कल्पना कर सकता है।

जागृति का सूत्र

इस नींद को तोड़ने का उपाय बहुत सरल है, पर निरंतर अभ्यास मांगता है।

वह उपाय है— "स्मरण" (होश)।

तुम जो भी करो, उसे पूरे होश के साथ करो।

जब चलो, तो केवल चलो। पैरों के स्पर्श को महसूस करो।

जब पानी पियो, तो उसकी शीतलता को गले में उतरते हुए अनुभव करो।

जब किसी को सुनो, तो पूरी तरह उपस्थित होकर सुनो।

शुरुआत में तुम बार-बार भूल जाओगे और विचारों में खो जाओगे। कोई बात नहीं। जैसे ही याद आए, वापस लौट आओ।

यही लौटना, यही बार-बार स्वयं को वर्तमान में लाना ही असली "साधना" है।

सूत्र ८ :

अहंकार का विसर्जन

।। मूल मंत्र ।।

"जब तक 'मैं' जीवित है, तब तक शांति असंभव है।

यह 'मैं' ही वह दीवार है जो तुम्हें पूरे अस्तित्व से अलग करती है।

बूँद को सागर होने के लिए,

अपना वजूद (मिटना) खोना ही पड़ता है।"

।। भाष्य ।।

सबसे भारी बोझ

तुम अपनी पीठ पर जो सबसे भारी बोझ लेकर चल रहे हो, वह तुम्हारे पापों का नहीं, तुम्हारे "अहंकार" का है।

अहंकार क्या है?

यह वह झूठी कहानी है जो तुमने अपने बारे में बना रखी है— "मैं बड़ा हूँ," "मैं ज्ञानी हूँ," "मैं शक्तिशाली हूँ," या यहाँ तक कि "मैं बहुत दुखी हूँ।"

तुम्हें लगता है कि तुम्हारा अहंकार तुम्हारी रक्षा कर रहा है, जैसे कोई कवच।

परन्तु सत्य यह है कि यह कवच नहीं, यह एक "घाव" है।

एक साधारण घाव को छूने पर दर्द होता है।

अहंकार वह घाव है जिसे कोई (शब्दों से) छू भर दे, तो तुम तड़प उठते हो।

पीड़ा का केंद्र

गौर करो, तुम्हें चोट कब लगती है?

जब कोई तुम्हारी बात नहीं मानता, जब कोई तुम्हारा अपमान करता है, या जब तुम्हें वह नहीं मिलता जो तुम चाहते थे।

किसे चोट लगती है? तुम्हारी आत्मा को? नहीं।

चोट तुम्हारे उस "झूठे मैं" को लगती है जो सम्मान का भूखा है।

यदि तुम्हारे भीतर अहंकार न हो, तो कोई तुम्हें अपमानित कर ही नहीं सकता।

यदि तुम स्वयं को "कुछ" मानोगे ही नहीं, तो कोई तुम्हें मिटाएगा कैसे? तुम अजेय हो जाओगे।

कर्ता भाव का त्याग

मनुष्य का सबसे बड़ा भ्रम यह है कि "मैं कर रहा हूँ।"

"मैंने यह घर बनाया," "मैंने यह धन कमाया," "मैंने बच्चों को पाला।"

सत्य यह है कि तुम केवल एक माध्यम हो। जो शक्ति तुम्हारी साँस चला रही है, जो शक्ति सूर्य को उगा रही है, वही शक्ति तुमसे काम करवा रही है।

जिस दिन तुम यह मान लोगे कि "मैं करने वाला नहीं, मैं तो केवल निमित्त (माध्यम) हूँ," उसी दिन तुम्हारे सिर से चिंताओं का पहाड़ उतर जाएगा।

सफलता मिले तो उस शक्ति की, और विफलता मिले तो भी उसी की। तुम मुक्त हो जाओगे।

विसर्जन (मिट जाना)

अहंकार को मारने की कोशिश मत करो, यह बहुत चालाक है। यह "त्यागी" होने का अहंकार ओढ़ लेगा।

इसे केवल समझो।

देखो कि यह 'मैं' तुम्हें कैसे लोगों से दूर कर रहा है। यह तुम्हें अकेला कर रहा है।

जैसे बूँद समुद्र में गिरकर अपना नाम और आकार खो देती है, लेकिन बदले में वह स्वयं समुद्र बन जाती है।

वैसे ही, अपने छोटे से 'मैं' को त्याग दो। तुम विराट हो जाओगे। तुम सब में हो जाओगे, और सब तुम में हो जाएंगे।

तृतीय खंड : मुक्ति सूत्र
(स्वतंत्रता के नियम)

सूत्र ९ :

विवेक की खड्ग

।। मूल मंत्र ।।

"आँखें सबके पास हैं, पर दृष्टि विरलों के पास है।

भीड़ जिस मार्ग पर चल रही है, आवश्यक नहीं कि वह सही हो।

अपनी बुद्धि को 'विवेक' की धार से तीक्ष्ण करो,

ताकि तुम सत्य और झूठ के महीन अंतर को काट सको।"

।। भाष्य ।।

बुद्धि और विवेक का अंतर

संसार में बुद्धिमान लोगों की कमी नहीं है, परन्तु विवेकी मनुष्य ढूँढने से भी नहीं मिलते।

इन दोनों में बहुत बड़ा अंतर है।

बुद्धि (चालाकी) तुम्हें बताती है कि पैसा कैसे कमाना है, किसी को कैसे गिराना है, या अपना लाभ कैसे निकालना है।

विवेक (समझ) तुम्हें बताता है कि क्या सही है और क्या गलत। क्या नश्वर है और क्या अमर।

बुद्धि एक वेश्या की भांति किसी का भी साथ दे सकती है (एक चोर भी बुद्धिमान हो सकता है)। परन्तु विवेक केवल 'सत्य' का साथ देता है।

हंस की दृष्टि

प्राचीन कथाओं में 'हंस' की चर्चा है जो दूध और पानी के मिश्रण से केवल दूध पी लेता है और पानी छोड़ देता है।

विवेक वही हंस है।

यह संसार सच और झूठ का एक मिश्रण है।

यहाँ विज्ञापन झूठ बोल रहे हैं, नेता झूठ बोल रहे हैं, यहाँ तक कि तुम्हारे अपने रिश्तेदार भी अपनी सुविधाओं के अनुसार झूठ बोल रहे हैं।

यदि तुम्हारे पास विवेक की तलवार नहीं है, तो तुम इस झूठ को ही सच मान लोगे और ठगे जाओगे।

प्रिय और श्रेय (सुखद बनाम उचित)

जीवन में हर पल तुम्हारे सामने दो रास्ते आएंगे:

१. प्रिय मार्ग: जो अभी बहुत सुखद और आसान लगता है, पर जिसका अंत खाई में है।

२. श्रेय मार्ग: जो अभी कठिन और कड़वा लग सकता है, पर जिसका अंत कल्याण में है।

अविवेक व्यक्ति 'प्रिय' को चुनता है (जैसे— देर तक सोना, नशा करना, झूठ बोलकर बचना)।

विवेकी व्यक्ति 'श्रेय' को चुनता है (जैसे— अनुशासन, सत्य बोलना, संघर्ष करना)।

अपनी विवेक की तलवार उठाओ और उस हर "सुख" का गला काट दो जो तुम्हें कमजोर बना रहा है।

भीड़ का अंधानुकरण

भेड़ें झुंड में चलती हैं क्योंकि उन्हें डर लगता है। सिंह अकेला चलता है।

विवेक तुम्हें अकेले चलने का साहस देता है।

जब पूरी दुनिया कह रही हो— "यही सही है", तब भी अगर तुम्हारी अंतरात्मा कहे कि "यह गलत है", तो अपनी आत्मा की सुनने का नाम ही विवेक है।

दूसरों के पीछे मत चलो। अपनी राह स्वयं बनाओ। तुम्हारे पास अपना एक 'दीपक' है, उसका उपयोग करो।

सूत्र १० :

संकल्प और साहस

।। मूल मंत्र ।।

"मृत मछली धारा के साथ बहती है,

जीवित मछली धारा के विपरीत तैरती है।

सत्य के मार्ग पर अकेले खड़े होने का साहस ही,

तुम्हारे जीवित होने का प्रमाण है।"

।। भाष्य ।।

'ना' कहने की शक्ति

समाज ने तुम्हें सदा 'हाँ' कहना सिखाया है।

"बड़ों की बात मानो," "परंपराओं को मानो," "भीड़ के साथ चलो।"

इस आज्ञाकारी बनने के प्रयास में तुमने अपनी रीढ़ की हड्डी ही गला दी है।

सच्चा साहस 'हाँ' कहने में नहीं, बल्कि गलत को 'ना' कहने में है।

यदि तुम्हें लगता है कि कोई रीति, कोई विचार या कोई संबंध तुम्हारी आत्मा को मार रहा है, तो उसे अस्वीकार करना तुम्हारा धर्म है।

एक 'ना' जो गहरे विश्वास से निकली हो, वह उस 'हाँ' से लाख गुना बेहतर है जो केवल दूसरों को खुश करने या डर के कारण बोली गई हो।

इच्छा और संकल्प का भेद

तुम्हारे पास बहुत सी 'इच्छाएं' हैं, पर 'संकल्प' एक भी नहीं।

इच्छा कहती है— "काश! ऐसा हो जाए।" (यह कमजोर है)।

संकल्प कहता है— "मैं ऐसा करके ही रहूँगा, चाहे प्राण चले जाएं।" (यह अजेय है)।

नदी पहाड़ का सीना चीरकर इसलिए निकल पाती है क्योंकि उसका संकल्प सागर से मिलने का है। उसके सामने चट्टानें आती हैं, पर वह रुकती नहीं, रास्ता बदल लेती है या उसे काट देती है।

अपने जीवन में एक "महा-संकल्प" लो। एक ऐसा लक्ष्य जिसके लिए तुम जीने और मरने को तैयार हो। जिस दिन संकल्प जन्म लेता है, उस दिन आलस्य और डर की मृत्यु हो जाती है।

अकेले चलने का साहस

जब तुम सत्य की राह पर चलोगे, तो आरम्भ में तुम अकेले रह जाओगे।

तुम्हारे मित्र तुम्हारा उपहास करेंगे, समाज तुम्हें पागल कहेगा।

यही वह समय है जब तुम्हारे साहस की परीक्षा होगी।

याद रखना, भीड़ सदा औसत (साधारण) लोगों की होती है। शिखर पर सदैव एकांत होता है।

यदि तुम भीड़ का हिस्सा बने रहे, तो तुम्हारी अपनी कोई पहचान नहीं होगी।

सिंह की भांति अकेले चलो। तुम्हारी दहाड़ ही तुम्हारी पहचान होनी चाहिए, न कि तुम्हारा झुंड।

विपरीत धारा

हवा के रुख के साथ तो धूल भी उड़ लेती है, पर जो हवा का रुख मोड दे, वही असली शूरवीर है।

परिस्थितियों को दोष देना कायरों का काम है। साहसी व्यक्ति परिस्थितियों का निर्माण स्वयं करता है।

उठो! और अपनी नियति (किस्मत) को अपने पसीने की स्याही से स्वयं लिखो।

सूत्र ११ :

बंधन-मुक्त कर्म

।। मूल मंत्र ।।

"बाण चलाने से पूर्व ही यदि लक्ष्य पर ध्यान अटक गया,

तो निशाना चूकना निश्चित है।

कर्म में पूर्णता तभी आती है,

जब कर्ता परिणाम के लोभ से मुक्त हो जाता है।"

।। भाष्य ।।

चिंता की दीमक

तुम कर्म (काम) से नहीं थकते, तुम उस काम के बारे में "सोच-सोचकर" थकते हो।

जब तुम कोई कार्य कर रहे होते हो, तो तुम्हारा मन उस कार्य में नहीं, बल्कि उसके परिणाम में अटका होता है।

"अगर मैं असफल हो गया तो?"

"अगर मुझे लाभ नहीं मिला तो?"

यह चिंता दीमक की तरह तुम्हारी ऊर्जा को खा जाती है। जब तुम्हारा ध्यान फल पर होता है,

तो कर्म अधूरा रह जाता है। और जब कर्म अधूरा होगा, तो फल भी सड़ा हुआ ही मिलेगा।

नृत्य और नर्तक

जीवन को एक बोझ की तरह मत ढोओ, इसे एक **"लीला"** (खेल) की तरह जिओ।

एक नर्तक जब नाचता है, तो वह किसी मंजिल पर पहुँचने के लिए नहीं नाचता। उसका आनंद उसी 'नाचने' में है।

इसी प्रकार, अपने काम में इतना डूब जाओ कि काम और करने वाला अलग न रहे।

जब चित्रकार चित्र में खो जाता है, तभी सर्वश्रेष्ठ कला का जन्म होता है। जब तुम अपने काम में "मिट" जाओगे, तभी श्रेष्ठता आएगी।

कर्म का सौंदर्य

दुकानदार की तरह मत जिओ जो हर काम के बदले तुरंत लाभ मांगता है।

सच्चा कर्म वह है जो "प्रेम" से किया जाए, न कि "मजबूरी" या "लालच" में।

यदि तुम किसी की सहायता कर रहे हो और बदले में धन्यवाद की अपेक्षा रख रहे हो, तो वह सहायता नहीं, व्यापार है।

यदि तुम काम कर रहे हो और मन विश्राम का इंतज़ार कर रहा है, तो वह काम नहीं, दंड है।

मुक्त होने का उपाय

भविष्य का बोझ सिर से उतार फेंको।

बस यह देखो कि "इस क्षण" मेरे हाथ में क्या है? जो कार्य सामने है,

उसे अपनी पूरी क्षमता, पूरी ईमानदारी और पूरे प्रेम से करो।

परिणाम तुम्हारे हाथ में नहीं है, वह समय और परिस्थिति के गर्भ में है।

लेकिन कर्म तुम्हारे हाथ में है।

जब तुम फल की जंजीर तोड़ दोगे, तो तुम्हारा हर काम एक "प्रार्थना" बन जाएगा।

याद रखो— सफल होने का दबाव तुम्हें छोटा बनाता है, श्रेष्ठ काम करने का जुनून तुम्हें महान बनाता है।

सूत्र १२ :

सरलता का सौंदर्य

।। मूल मंत्र ।।

"सत्य कभी जटिल नहीं होता, और जो जटिल है वह सत्य नहीं।

नदी का प्रवाह सीधा है, वृक्ष का विकास सहज है।

तुमने व्यर्थ ही जीवन को पहेली बना रखा है,

गाँठें खोलो, और सहज हो जाओ।"

।। भाष्य ।।

दिखावे का बोझ

मनुष्य का अहंकार "सरल" होने से डरता है। उसे लगता है कि यदि वह साधारण दिखेगा, तो कोई उसका सम्मान नहीं करेगा।

इसीलिए वह अपनी बोली, अपने रहन-सहन और अपने व्यवहार को कठिन और बनावटी बना लेता है।

तुम वह वस्त्र पहनते हो जो आरामदायक नहीं, पर महँगे हैं।

तुम ऐसी भाषा बोलते हो जो समझ नहीं आती, ताकि तुम विद्वान लगो।

यह जटिलता (पेचीदापन) बुद्धिमानी नहीं, बल्कि मानसिक रोग है। तुम दूसरों को प्रभावित करने के चक्कर में अपना ही दम घोंट रहे हो।

सहजता की शक्ति

प्रकृति की ओर देखो। सब कुछ कितना सरल और सहज है।

सूरज उगने के लिए शोर नहीं मचाता। फूल खिलने के लिए प्रयास नहीं करते। नदियाँ बहने के लिए नक्शा नहीं बनातीं।

वे बस अपने स्वभाव में हैं।

जीवन का सबसे बड़ा सौंदर्य "सहजता" में है। जब तुम किसी से मिलो, तो बिना किसी बनावट के मिलो। जब तुम हँसो, तो खुलकर हँसो।

बालक-वत हो जाना

अध्यात्म की सबसे ऊँची अवस्था कोई सिद्ध पुरुष बनना नहीं, बल्कि वापस "बालक" बन जाना है।

एक छोटा बच्चा देखो—

जब उसे भूख लगती है, वह रोता है।

जब वह खुश होता है, वह किलकारी मारता है।

उसके मन में कोई छल-कपट नहीं होता।

तुम्हें भी अपनी चालाकी छोड़नी होगी। यह चालाकी तुम्हें संसार में थोड़ा लाभ दे सकती है, पर यह तुम्हें शांति से बहुत दूर ले जाती है।

अंतिम संदेश

अपने जीवन से अनावश्यक चीजों को हटाओ।

व्यर्थ के रिश्तों को हटाओ।

व्यर्थ की इच्छाओं को हटाओ।

व्यर्थ के विचारों को हटाओ।

जितना तुम हल्के होगे, उतना ही तुम ऊपर उठोगे। जो भारी है, वह डूब जाता है; जो हल्का है, वह तैर जाता है।

सरल बनो, विरल बनो।

चतुर्थ खंड : सत्य सार
(जीवन के गहरे सिद्धांत)

सूत्र १३ :

जीवन का शौर्य (साहस)

।। मूल मंत्र ।।

"कायरता मृत्यु से भी अधिक कष्टकारी है।

जीवन न तो फूलों की सेज है, न कांटों का ताज।

यह एक रणभूमि है।

यहाँ जो लड़ता है, वही जीवित है। शेष सब शव के समान हैं।"

।। भाष्य ।।

संघर्ष ही जीवन है

हे पथिक! यह मत सोचो कि जीवन कभी आसान होगा। सुख की कामना करना ही दुख की जड़ है।

नदी को देखो— वह चट्टानों से टकराकर ही अपना रास्ता बनाती है। यदि वह टकराने से डर जाए, तो वह सड़कर गंदा नाला बन जाएगी।

उसी प्रकार, तुम्हारे जीवन में आने वाली बाधाएं तुम्हें रोकने के लिए नहीं, बल्कि तुम्हारी "सोयी हुई शक्ति" को जगाने के लिए आती हैं।

बिना आग में तपे तो सोना भी कुंदन नहीं बनता, फिर तुम बिना संघर्ष के महान कैसे बनोगे?

शौर्य का अर्थ

शौर्य (बहादुरी) का मतलब यह नहीं है कि तुम्हें डर नहीं लगता।

शौर्य का अर्थ है— "डर के बावजूद कदम बढ़ाना।"

जब पाँव कांप रहे हों, दिल घबरा रहा हो, फिर भी तुम कहो कि "मैं पीछे नहीं हटूँगा", बस उसी क्षण तुम्हारे भीतर परमात्मा का जन्म होता है।

कायर वह नहीं जो गिर गया, कायर वह है जो उठने से इनकार कर दे।

भागो मत, जागो

समस्याओं से भागकर तुम कहाँ जाओगे? वे हर जगह तुम्हारा पीछा करेंगी।

अगर तुम कमरे में छिप जाओगे, तो वे तुम्हारे दिमाग में घुस जाएंगी।

इसलिए, उनका सामना करो। आँखों में आँखें डालकर देखो।

जिस दिन तुम मुसीबतों के सामने छाती तानकर खड़े हो जाओगे, तुम पाओगे कि वे बहुत छोटी थीं, बस तुम्हारी परछाईं ने उन्हें डरावना बना दिया था।

अंतिम संदेश

अपनी परिस्थितियों को दोष देना बंद करो।

उठो और अपनी तकदीर अपनी कलम से लिखो।

इतिहास उनका लिखा जाता है जो लड़ते हैं।

उनका नहीं जो केवल शिकायत करते हैं।

मैदान मत छोड़ो, डटे रहो।

सूत्र १४ :
नश्वरता और अमरता
(शरीर और आत्मा)

।। मूल मंत्र ।।

"मिट्टी का खिलौना अंततः मिट्टी में ही मिलेगा,

जो बना है, उसका बिखरना निश्चित है।

तुम व्यर्थ ही इस देह को 'मैं' मान बैठे हो,

तुम वह नहीं जो जलता है, तुम वह हो जो उसे जानता है।"

।। भाष्य ।।

मृत्यु का भ्रम

संसार का सबसे बड़ा भय मृत्यु है। मनुष्य पूरा जीवन इसी प्रयास में बिता देता है कि किसी तरह उसका शरीर बचा रहे।

परंतु सत्य यह है कि जिस दिन तुम्हारा जन्म हुआ था, उसी दिन तुम्हारी मृत्यु की दिशा में यात्रा शुरू हो गई थी।

तुम मृत्यु से नहीं डरते, तुम 'मिट जाने' से डरते हो। तुम्हें लगता है कि शरीर गया, तो 'मैं' भी गया।

यही अज्ञान है

जैसे घड़ा टूटने से उसके भीतर का आकाश नहीं टूटता, वैसे ही देह छूटने से तुम नहीं मरते। देह वस्त्र है, और तुम उसे पहनने वाले यात्री।

किराए का मकान

यह शरीर तुम्हारा घर नहीं, केवल एक किराए का मकान है।

तुमने इसे सजाने-संवारने में इतना समय लगा दिया कि तुम यह भूल ही गए कि एक दिन मकान-मालिक (प्रकृति) इसे खाली करवा लेगी।

जो बुद्धिमान है, वह मकान की मरम्मत तो करता है, पर उसे अपना मानकर उससे चिपकता नहीं।

जो मूर्ख है, वह रोता है जब उसे निकाला जाता है।

याद रखो, जो चीज तुम्हें मिली है, वह तुमसे छिन भी जाएगी। यही इस जगत का नियम है।

लहर और सागर

समुद्र में एक लहर उठती है। वह खुद को अलग समझती है। वह सोचती है, "मैं बड़ी हूँ, मैं सुंदर हूँ।"

थोड़ी देर बाद वह लहर गिरती है और वापस समुद्र बन जाती है।

क्या लहर मर गई? नहीं। उसने केवल अपना 'रूप' बदला है, उसका 'जल' वही है।

तुम भी उस परमात्मा रूपी सागर की एक लहर हो। उठना (जन्म) और गिरना (मृत्यु) केवल एक खेल है। तुम पहले भी थे, तुम बाद में भी रहोगे।

अंतिम संदेश

अपनी नश्वरता को स्वीकार करो।

यह जान लो कि सब कुछ अस्थायी है— तुम्हारा धन, तुम्हारा पद, तुम्हारा शरीर।

जब तुम इस सत्य को स्वीकार कर लेते हो कि "मैं यहाँ सदा रहने के लिए नहीं आया हूँ", तब तुम्हारा जीवन से मोह समाप्त हो जाता है।

और जिस क्षण मोह समाप्त होता है, उसी क्षण तुम अमरता का अनुभव कर लेते हो।

शरीर की चिंता छोड़ो, और आत्मा के तल पर जीना सीखो।

सूत्र १५ :
शून्य से शिखर
(विकास यात्र)

।। मूल मंत्र ।।

"विराट बरगद का वृक्ष, एक छोटे से बीज में सोया है।

शिखर पर वही पहुँचता है, जो तल से जुड़ा है।

अपने छोटा होने पर लज्जा मत करो,

शून्य ही वह स्थान है, जहाँ से अनंत की यात्रा शुरू होती है।"

।। भाष्य ।।

बीज की शक्ति

तुम अक्सर अपनी तुलना दूसरों से करके दुखी हो जाते हो। तुम सोचते हो कि तुम बहुत छोटे हो, तुम्हारे पास साधन नहीं हैं।

परंतु याद रखो, सृष्टि का निर्माण हमेशा 'शून्य' से होता है।

एक विशाल वृक्ष पहले एक नन्हा बीज ही था। यदि बीज यह सोचकर डर जाता कि "मैं इतना छोटा हूँ, मैं आकाश कैसे छूऊंगा?", तो वह कभी वृक्ष नहीं बन पाता।

तुम्हारे भीतर भी अपार संभावना छिपी है। तुम अभी केवल एक 'बीज' हो, तुम्हें बस सही वातावरण और धैर्य की आवश्यकता है।

रिक्त होने का महत्त्व

शिखर पर पहुँचने के लिए तुम्हें हल्का होना पड़ेगा।

जो व्यक्ति अहंकार से भरा है, वह कभी ऊपर नहीं उठ सकता। धुआं वही उड़ता है, जो हल्का होता है।

यदि तुम चाहते हो कि परमात्मा तुम्हें ज्ञान दे, तो तुम्हें अपने पुराने ज्ञान को खाली करना होगा।

भरे हुए घड़े में और जल नहीं भरा जा सकता। पहले खुद को 'शून्य' करो, तभी तुम 'पूर्ण' हो पाओगे।

सीखने की पहली शर्त है— यह स्वीकार करना कि "मैं कुछ नहीं जानता"।

धैर्य और समय

आजकल हर कोई शीघ्रता का मार्ग खोज रहा है। लोग चाहते हैं कि आज बीज बोएं और कल फल खा लें।

प्रकृति ऐसे काम नहीं करती।

शीघ्रता केवल विनाश करती है। घास-फूस जल्दी उगती है, पर जल्दी सूख भी जाती है। बरगद को उगने में समय लगता है, पर वह सदियों तक खड़ा रहता है।

अपने संघर्ष के दिनों से घबराओ मत। यह तुम्हारे पकने का समय है। जो जितनी गहरी नींव खोदेगा, उसकी इमारत उतनी ही ऊँची जाएगी।

अंतिम संदेश

शुरुआत करने से मत डरो, चाहे वह कितनी भी छोटी क्यों न हो।

हजारों कोसों की यात्रा भी पहले कदम से शुरू होती है।

जहाँ हो, वहीं से शुरू करो। जो है, उसी का उपयोग करो।

शून्य को स्वीकार करो, क्योंकि शिखर तुम्हारा इंतज़ार कर रहा है।

अपने आप को कम मत आँको।

सूत्र १६ :
आंतरिक पूर्णता
(भीतर की संतुष्टि)

।। मूल मंत्र ।।

"सुख खोजने की वस्तु नहीं, यह तुम्हारे होने का स्वभाव है।

कस्तूरी मृग वन-वन भटकता है, सुगंध की खोज में,

जबकि सुगंध उसकी अपनी नाभि में बसी है।

बाहर झांकना बंद करो, और भीतर देखो।"

।। भाष्य ।।

भटकाव का कारण

मनुष्य का पूरा जीवन एक दौड़ है। वह सोचता है कि "जब मुझे वह वस्तु मिल जाएगी, तब मैं सुखी हो जाऊंगा।"

कभी वह धन के पीछे भागता है, कभी पद के पीछे, कभी किसी व्यक्ति के पीछे।

परंतु जैसे ही उसे वह चीज मिलती है, कुछ दिन बाद वह फिर खाली हो जाता है। उसकी प्यास फिर जाग उठती है।

यह वैसे ही है जैसे कोई प्यासा व्यक्ति रेगिस्तान में पानी की चमक (मृग-तृष्णा) देखकर भागता रहे, पर उसे रेत के सिवा कुछ न मिले।

बाहरी दुनिया तुम्हें सुविधा दे सकती है, पर शांति नहीं।

कस्तूरी मृग की कथा

जंगल में एक हिरण होता है, जिसकी नाभि में 'कस्तूरी' (सुगंधित पदार्थ) होती है।

जब वह सुगंध उसे आती है, तो वह पागल होकर उसे पूरे जंगल में खोजता है। वह झाड़ियों में, पत्थरों पर अपना सिर पटकता है, पर उसे सुगंध का स्रोत नहीं मिलता।

अंत में वह थककर गिर जाता है।

मनुष्य की दशा भी उस हिरण जैसी है। आनंद तुम्हारे भीतर है, और तुम उसे बाज़ारों में, महलों में और दूसरों की प्रशंसा में खोज रहे हो।

छिद्र वाली मटकी

यदि किसी मटकी में छेद हो, तो तुम उसे सागर में भी डुबो दो, वह कभी नहीं भरेगी।

तुम्हारा मन उसी फूटी हुई मटकी के समान है। तुम इसमें कितनी भी सफलता, धन और भोग डाल दो, यह हमेशा खाली ही रहेगा।

इसे भरने का केवल एक तरीका है— 'इच्छाओं के छेद' को बंद करना।

जब तुम बाहर से मांगना बंद कर देते हो, तभी तुम्हें पता चलता है कि तुम्हारे भीतर खजाना पड़ा है।

अंतिम संदेश

तुम अपूर्ण नहीं हो, तुम पूर्ण हो।

तुम्हें किसी और के प्रमाण की आवश्यकता नहीं है।

रुक जाओ। ठहर जाओ।

अपनी दौड को विराम दो और शांत होकर बैठो।

जिसे तुम दुनिया के कोने-कोने में खोज रहे हो, वह 'तुम' ही हो।

स्वयं को पहचानना ही परम सिद्धि है।

।। इति सिद्धम ।।

पंचम खंड :

जीवन संग्राम

(सांसारिक उलझने)

सूत्र १७ :

अर्थ और अध्यात्म

(पैसा और ईश्वर)

।। मूल मंत्र ।।

"दरिद्रता कोई गुण नहीं, और धन कोई पाप नहीं।

शरीर को भोजन चाहिए, और समाज को साधन।

धन को त्यागना महानता नहीं है,

धन के बीच रहकर भी, उसे मन में न घुसने देना ही सच्ची साधना है।"

।। भाष्य ।।

धन एक शक्ति है

बहुत से लोग सोचते हैं कि पैसा सब बुराइयों की जड़ है। वे अमीरों को पापी और गरीबों को धर्मात्मा मानते हैं। यह सोच गलत है।

धन केवल एक 'शक्ति' है, जैसे बिजली।

बिजली से तुम घर भी रोशन कर सकते हो और किसी को झटका भी दे सकते हो। दोष बिजली का नहीं, उपयोग करने वाले का है।

इसी तरह, यदि धन अच्छे व्यक्ति के हाथ में हो, तो वह अस्पताल बनवाता है, भूखों को खिलाता है। यदि बुरे के हाथ में हो, तो वह हथियार खरीदता है।

इसलिए, धन कमाओ। खूब कमाओ। लेकिन अच्छे कार्यों के लिए।

साधन और साध्य

पैसा 'साधन' (रास्ता) है, 'साध्य' (मंजिल) नहीं।

गाड़ी चलाने के लिए ईंधन चाहिए, लेकिन हम ईंधन पीने के लिए गाड़ी नहीं चलाते।

जीवन जीने के लिए पैसा चाहिए, पर केवल पैसा कमाने के लिए ही मत जिओ।

समस्या तब होती है जब 'साधन' मालिक बन बैठता है।

तुम पैसे का उपयोग करो, लोगों का नहीं। आज उल्टा हो रहा है— लोग पैसे से प्रेम कर रहे हैं और मनुष्यों का उपयोग कर रहे हैं।

कमल का पत्ता

अध्यात्म का अर्थ यह नहीं कि सब छोड़कर जंगल चले जाओ।

असली अध्यात्म है 'कमल के पत्ते' की तरह रहना।

कमल पानी में ही रहता है, पर पानी की एक बूँद भी उस पर नहीं टिकती।

तुम भी संसार में रहो, महलों में रहो। लेकिन जिस दिन यह सब छिन जाए, उस दिन तुम्हारे चेहरे की मुस्कान न छिनी जाए।

जेब में लाखों रखो, पर मन को फकीर रखो।

अंतिम संदेश

अपनी गरीबी को आध्यात्मिकता का नाम मत दो।

समर्थ बनो, शक्तिशाली बनो।

जब तुम्हारे पास देने के लिए कुछ होगा, तभी तुम दानी कहलाओगे।

खाली हाथ वाला क्या त्यागेगा?

धन को 'लक्ष्मी' मानकर सम्मान दो, पर उसे 'ईश्वर' मानकर पूजो मत।

संसार में ऐसे रहो जैसे एक मेहमान सराय में रहता है— सब सुविधाओं का भोग करता है, पर जानता है कि यह "मेरा" नहीं है।

सूत्र १८ :

प्रतिशोध और क्षमा

(बदला या माफी)

।। मूल मंत्र ।।

"क्षमा कमजोर का नहीं, बलवान का आभूषण है।

यदि तुम्हारे हाथ में पत्थर है, और तुम नहीं मारते, तो वह क्षमा है।

परंतु यदि तुम्हारे हाथ खाली हैं, और तुम कहते हो कि मैंने क्षमा किया,

तो वह क्षमा नहीं, केवल तुम्हारी विवशता है।"

।। भाष्य ।।

क्षमा या कायरता?

लोग अक्सर अपनी कायरता को 'क्षमा' का नाम दे देते हैं।

जब तुम किसी का मुकाबला नहीं कर पाते और चुप रह जाते हो, तो यह उदारता नहीं, यह भय है।

मन ही मन तुम जल रहे हो, पर बाहर से शांत दिखने का अभिनय कर रहे हो।

सच्ची क्षमा केवल वही कर सकता है जिसके पास दंड देने की शक्ति हो।

दान वही दे सकता है, जिसकी झोली भरी हो। जो स्वयं खाली है, वह क्या त्यागेगा? पहले शक्तिशाली बनो, तभी तुम्हारी शांति का मूल्य है।

सर्प की सीख

एक पुरानी कथा है। एक जहरीले सांप ने साधु की बात मानकर लोगों को काटना छोड़ दिया।

परिणाम यह हुआ कि गांव के शरारती बच्चे उसे पत्थर मारने लगे, उसे घसीटने लगे। सांप अधमरा हो गया।

साधु ने उसे देखा और फटकार कर कहा— "मूर्ख! मैंने तुझे 'काटने' (विष छोड़ने) से मना किया था, 'फुफकारने' (शक्ति दिखाने) से नहीं।"

संसार में जीना है तो अपनी 'फुफकार' बचाकर रखनी होगी।

दुष्ट लोगों को यह आभास होना चाहिए कि तुम दुर्बल नहीं हो। अपनी मर्यादा की रक्षा करो। डसो मत, पर अपना फन जरूर तानो ताकि कोई तुम्हें कुचल न सके।

प्रतिशोध का विष

बदला लेना एक ऐसा विष है जिसे तुम पीते हो, और आशा करते हो कि मरेगा कोई और।

जब तुम किसी से घृणा पाल लेते हो, तो तुम उसे अपने मन में रहने का स्थान दे देते हो। वह आनंद से सो रहा है, और तुम क्रोध में रात्रि भर जाग रहे हो।

क्या यह बुद्धिमानी है?

तुम उसे क्षमा इसलिए मत करो क्योंकि वह अच्छा है। तुम उसे इसलिए क्षमा करो क्योंकि तुम अपनी मानसिक शांति भंग नहीं करना चाहते।

कूड़े को घर से बाहर फेंका जाता है, उसे तिजोरी में संभालकर नहीं रखा जाता। पुरानी घृणा मन का कूड़ा ही तो है।

अंतिम संदेश

हाथ में तलवार रखो, पर हृदय में दया।

अन्याय का विरोध करो, पर मन में गांठ मत बांधो।

जो बीत गया, उसे वहीं छोड़ दो।

आगे बढ़ना ही जीवन है। कीचड़ में पत्थर मारने से तुम्हारे ही वस्त्र मलिन होंगे।

किनारा करो और आगे बढ़ जाओ।

सूत्र १९ :

काम और संयम

(वासना पर विजय)

।। मूल मंत्र ।।

"अग्नि भोजन भी पकाती है, और घर भी जलाती है।

दोष अग्नि का नहीं, उसके उपयोग का है।

अपनी ही शक्ति से लड़ो मत, उसे दिशा दो।

कीचड़ ही कमल बनता है, और वासना ही उपासना बन सकती है।"

।। भाष्य ।।

शक्ति का स्वरूप

समाज ने तुम्हें सिखाया है कि 'काम-वासना' पाप है, इसे दबाओ।

परंतु सत्य यह है कि यह केवल एक 'प्राण-शक्ति' है। यही वह ऊर्जा है जिससे तुम्हारा जन्म हुआ, जिससे यह सृष्टि चल रही है।

यदि तुम इस शक्ति को जबरदस्ती दबाओगे, तो यह तुम्हारे भीतर विकृति (बुराई) पैदा करेगी।

जैसे पानी में गेंद को जितना नीचे दबाओगे, वह उतनी ही तेजी से ऊपर उछलेगी। उसी प्रकार, मन के विचारों को जितना बलपूर्वक रोकोगे, वे उतने ही भयानक होकर लौटेंगे।

दमन नहीं, रूपांतरण

नदी को रोका नहीं जाता, उसे नहर बनाकर खेतों की ओर मोड़ा जाता है।

तुम्हें अपनी वासना से लड़ना नहीं है, उसे 'ऊपर' उठाना है।

जब यह ऊर्जा नीचे की ओर बहती है, तो यह 'भोग' (संतान उत्पत्ति) बनती है।

परंतु जब यही ऊर्जा ऊपर की ओर उठती है, तो यह 'योग' (कला, संगीत, ज्ञान) बन जाती है।

महान वैज्ञानिक, कलाकार और कवि वही हैं जिन्होंने अपनी प्राण-शक्ति को वासना में व्यर्थ करने के बजाय उसे 'सृजन' (कुछ नया बनाने) में लगा दिया।

प्रेम और वासना

वासना और प्रेम में वही अंतर है जो भूख और भोजन में है।

वासना कहती है— "मुझे चाहिए, अपनी तृप्ति के लिए।"

प्रेम कहता है— "मैं देना चाहता हूँ, तुम्हारी प्रसन्नता के लिए।"

वासना शरीर तक सीमित है, वह उथली है। प्रेम आत्मा तक जाता है, वह गहरा है।

जब तुम किसी के शरीर से नहीं, उसके अस्तित्व से जुड़ते हो, तब वासना पिघलकर प्रेम बन जाती है।

संयम का अर्थ

संयम का अर्थ इच्छाओं को 'मारना' नहीं, उन्हें 'संभालना' है।

घोड़े को मार डालना समझदारी नहीं है, उसकी लगाम अपने हाथ में रखना समझदारी है।

इंद्रियां बुरी नहीं हैं, पर वे अच्छी सेवक और बुरी मालिक हैं।

यदि तुम इनके गुलाम बन गए, तो ये तुम्हें गर्त में गिरा देंगी। यदि तुम इनके स्वामी बन गए, तो ये तुम्हें शिखर तक ले जाएंगी।

अंतिम संदेश

ब्रह्मचर्य का अर्थ स्त्री या पुरुष से दूर भागना नहीं है।

इसका अर्थ है— 'ब्रह्म' (ईश्वर) जैसा आचरण।

अपनी शक्ति को व्यर्थ के छिद्रों से बहने मत दो।

इसे संचित करो, इसे ओज और तेज में बदलो।

जो अपनी इंद्रियों को जीत लेता है, वही असली सम्राट है।

सूत्र २० :

गृहस्थ में संन्यास

(परिवार और वैराग्य)

।। मूल मंत्र ।।

"ईश्वर को पाने के लिए घर छोड़ना आवश्यक नहीं,

बल्कि घर में रहकर 'घर' को छोड़ देना आवश्यक है।

भागो मत, जागो।

जो कायर है, वह वन की ओर भागता है,

जो वीर है, वह भीड़ में रहकर भी एकांत साध लेता है।"

।। भाष्य ।।

पलायन मत करो

बहुत से लोगों को लगता है कि परिवार, पत्नी और बच्चे ईश्वर के मार्ग में बाधा हैं। वे सोचते हैं कि हिमालय की गुफा में ही शांति मिलेगी।

यह भ्रम है।

यदि तुम अशांत मन लेकर हिमालय भी जाओगे, तो वहां भी अपनी अशांति साथ ले जाओगे। वहां भी तुम्हें मच्छरों और ठंड से शिकायत रहेगी।

समस्या 'स्थान' में नहीं, तुम्हारे 'मन' में है।

सच्चा संन्यास वह नहीं जो वस्त्र बदलकर लिया जाए। सच्चा संन्यास वह है जो मन की स्थिति बदल दे।

कमल और कीचड़

संसार में ऐसे रहो जैसे कीचड़ में कमल रहता है।

उसकी जड़ें कीचड़ में होती हैं, पर फूल आकाश की ओर देखता है। उस पर पानी की बूँदें गिरती हैं, पर टिकती नहीं।

तुम भी पिता बनो, पुत्र बनो, पति बनो, व्यापार करो। अपने सभी दायित्व पूरी निष्ठा से निभाओ।

परंतु भीतर से अलिप्त (अलग) रहो। जैसे नाटक का 'पात्र' मंच पर रोता है, हँसता है, पर भीतर से जानता है कि "यह मैं नहीं हूँ, यह केवल मेरा अभिनय है।"

राजा और फकीर

जनक जैसे राजा बनो।

वे महलों में रहते थे, सिंहासन पर बैठते थे, लेकिन उन्हें 'विदेह' (देह से मुक्त) कहा जाता था। क्योंकि यदि उनका महल जल भी जाए, तो उनके मन की शांति भंग नहीं होती थी।

जो व्यक्ति घर छोड़कर भाग गया, वह तो दुर्बल है।

असली वीर वह है जो बच्चों के शोर, परिवार की कलह और बाजार के कोलाहल के बीच रहकर भी अपने भीतर का 'दिया' बुझने नहीं देता।

मोह का त्याग घर नहीं छोड़ना है, 'पकड़' छोड़नी है।

तुम कहते हो— "यह मेरा बेटा, यह मेरा भवन, यह मेरी दुकान।" यही 'मेरा' शब्द दुख का कारण है।

जिस दिन तुम यह मान लोगे कि "यह सब ईश्वर का है, मैं केवल इसका 'रक्षक' हूँ", उसी दिन तुम गृहस्थ में रहकर भी संन्यासी हो जाओगे।

सेवा सबकी करो, पर आशा किसी से मत रखो।

अंतिम संदेश

भागना बहुत सरल है।

निभाना बहुत कठिन है।

ईश्वर तुम्हें वन में नहीं, तुम्हारे घर के आंगन में मिलेगा।

अपने कर्म को ही पूजा बना लो।

अपने परिवार को ही प्रसाद मान लो।

और अपने घर को ही मंदिर बना लो।

यही सच्चा धर्म है।

सूत्र २१ :

प्रारब्ध और पुरुषार्थ

(भाग्य बड़ा या कर्म)

।। मूल मंत्र ।।

"भाग्य आकाश से नहीं टपकता, वह तुम्हारे पसीने से ही बनता है।

प्रारब्ध (किस्मत) केवल खेत है, और पुरुषार्थ (कर्म) हल चलाना है।

यदि तुम हल नहीं चलाओगे,

तो उपजाऊ खेत में भी केवल खरपतवार ही उगेगी।"

।। भाष्य ।।

भाग्य का बहाना

संसार में जो लोग असफल हो जाते हैं, उनके पास एक बहुत सुंदर बहाना होता है— "मेरी किस्मत ही खराब थी।"

यह कायरों की भाषा है।

मनुष्य अपनी कमियों को छिपाने के लिए 'भाग्य' शब्द की आड़ ले लेता है। वह सोचता है कि सब कुछ पहले से लिखा है, तो मैं हाथ-पैर क्यों हिलाऊं?

यही सोच तुम्हें पंगु (अपाहिज) बना देती है।

ईश्वर ने तुम्हें माथे पर लकीरें दी हैं, पर उससे पहले तुम्हें हाथ दिए हैं। लकीरों से ज्यादा भरोसा अपने हाथों के कर्म पर करो।

ताश का खेल

जीवन ताश के खेल जैसा है।

तुम्हारे हाथ में कौन से पत्ते आएंगे, यह 'प्रारब्ध' (किस्मत) है। इस पर तुम्हारा बस नहीं।

लेकिन उन पत्तों के साथ खेलना कैसे है, यह 'पुरुषार्थ' (मेहनत) है।

एक कुशल खिलाड़ी खराब पत्तों से भी बाजी जीत लेता है, और एक मूर्ख खिलाड़ी अच्छे पत्तों के बावजूद हार जाता है।

परिस्थितियां तुम्हारे हाथ में नहीं हैं, पर उन परिस्थितियों में तुम क्या निर्णय लेते हो, यह पूरी तरह तुम्हारे हाथ में है।

कल और आज

भाग्य कुछ और नहीं, तुम्हारे ही कल के किए हुए कर्म हैं जो आज फल बनकर सामने आए हैं।

और तुम आज जो कर्म कर रहे हो, वही कल का भाग्य बनेगा।

तुम अपने भाग्य के रचयिता स्वयं हो।

यदि तुम आज बबूल का बीज बो रहे हो, तो कल कांटों के लिए ईश्वर को दोष मत देना। और यदि आज आम बो रहे हो, तो मिठास तुम्हें अवश्य मिलेगी।

भाग्य एक परछाई है, कर्म असली शरीर है। शरीर चलेगा तो परछाई को चलना ही पड़ेगा।

अंतिम संदेश

ज्योतिषियों के चक्कर में पड़ना बंद करो।

हथेली की रेखाएं देखकर भविष्य मत ढूंढो।

जिनके हाथ नहीं होते, भविष्य तो उनका भी होता है।

उठो और अपना पसीना बहाओ।

पुरुषार्थ की आग में इतनी शक्ति है कि वह भाग्य की लोहे जैसी जंजीरों को भी पिघला सकती है।

लिख डालो अपना विधान स्वयं।

सूत्र २२ :

निंदा और स्तुति

(अपमान सहने की शक्ति)

।। मूल मंत्र ।।

"प्रशंसा एक स्वर्ण की जंजीर है, और निंदा लोहे की।

दोनों ही तुम्हें बांधती हैं।

जो सम्मान पाकर फूल जाता है,

वह अपमान पाकर अवश्य ही टूट जाएगा।

दूसरों के शब्दों को अपना विधाता मत बनने दो।"

।। भाष्य ।।

मीठा विष

तुम्हें निंदा (बुराई) से डर लगता है और स्तुति (तारीफ) अच्छी लगती है।

परंतु सावधान रहो! प्रशंसा वह मीठा विष है जो तुम्हें धीरे-धीरे मारता है। यह तुम्हारे अहंकार को बढ़ाती है। जब कोई तुम्हारी वाह-वाही करता है, तो तुम अचेत हो जाते हो और अपनी कमियां देखना बंद कर देते हो।

संसार में प्रशंसा अक्सर झूठी होती है। लोग अपना स्वार्थ साधने के लिए तुम्हारे सामने झुकते हैं।

जिस दिन तुम प्रशंसा के भूखे हो गए, समझ लेना कि तुम पतन की ओर बढ़ रहे हो।

निंदा का महत्व

संत कबीर ने कहा है— "निंदक नियरे राखिए" (आलोचक को अपने पास रखो)।

जो तुम्हारी बुराई करता है, वह तुम्हारा सबसे बड़ा शुभचिंतक है। वह बिना वेतन के तुम्हारे चरित्र की सफाई कर रहा है।

जब कोई तुम्हारी निंदा करे, तो क्रोधित मत हो। शांति से सोचो।

यदि उसने सत्य कहा है, तो अपनी कमी सुधार लो। और यदि उसने झूठ कहा है, तो उसे क्षमा कर दो क्योंकि वह अज्ञानी है।

निंदा वह आग है जिसमें तपकर तुम और अधिक निखर जाते हो।

दूसरों के गुलाम

यदि कोई तुम्हें 'मूर्ख' कहे और तुम क्रोधित हो जाओ, और कोई तुम्हें 'विद्वान' कहे और तुम प्रसन्न हो जाओ, तो तुम गुलाम हो।

इसका अर्थ है कि तुम्हारे सुख और दुख की चाबी दूसरों की जेब में है। वे जब चाहें तुम्हें नचा सकते हैं।

क्या तुम कठपुतली हो?

अपना रिमोट अपने पास रखो। तुम्हें पता होना चाहिए कि तुम क्या हो।

यदि तुम्हारे पास हीरा है और कोई उसे कंकड़ कह दे, तो वह कंकड़ नहीं बन जाता। और यदि कंकड़ को कोई हीरा कह दे, तो उसकी कीमत नहीं बढ़ जाती।

तुम्हारा मूल्य तुम्हारे भीतर है, लोगों की जुबान पर नहीं।

अंतिम संदेश

एक विशाल पर्वत को देखो।

आंधियां आती हैं, धूल उड़ाती हैं, शोर मचाती हैं और टकराकर चली जाती हैं।

पर्वत न तो आंधियों को जवाब देता है, न ही उनसे विचलित होता है। वह अपनी जगह अटल खड़ा रहता है।

तुम भी पर्वत बनो।

संसार का काम है कहना। यदि तुम हर शोर पर रुकोगे, तो अपनी यात्रा कभी पूरी नहीं कर पाओगे।

निंदा और स्तुति को केवल मौसम की तरह देखो— वे आएंगे और जाएंगे, पर तुम अपनी जगह अडिग रहो।

सूत्र २३ :

एकाग्रता और भटकाव

(मन को कैसे रोके)

।। मूल मंत्र ।।

"मन उस चंचल अश्व के समान है, जो बिना लगाम के दौड़ रहा है।

बिखरी हुई किरणें सूखा पत्ता भी नहीं जला सकतीं,

परंतु जब वे एक बिंदु पर मिलती हैं, तो अग्नि पैदा होती है।

शक्ति तुम्हारे भीतर है, बस वह बिखरी हुई है।"

।। भाष्य ।।

मन की दौड़

मनुष्य का शरीर तो वर्तमान में रहता है, पर उसका मन हमेशा यात्रा पर रहता है।

या तो वह 'भूतकाल' (जो बीत गया) की स्मृतियों में उलझा रहता है, या 'भविष्य' (जो आया नहीं) की चिंता में भयभीत रहता है।

मन कभी भी 'अभी और यहीं' नहीं होता।

यही भटकाव तुम्हारी दुर्बलता है। जब तुम भोजन करते हो, तब तुम व्यापार के बारे में सोचते हो। और जब व्यापार करते हो, तब घर के बारे में सोचते हो।

परिणाम यह होता है कि तुम न तो भोजन का सुख ले पाते हो, न ही व्यापार में सफल हो पाते हो।

सूर्य का उदाहरण

सूर्य की धूप में बहुत ताप होता है, लेकिन वह खुले में कागज को नहीं जला पाती क्योंकि उसकी किरणें बिखरी हुई हैं।

परंतु यदि तुम किसी 'विशेष कांच' के माध्यम से उन किरणों को एक बिंदु पर केंद्रित कर दो, तो वह कागज को भस्म कर देती हैं।

तुम भी वही सूर्य हो। तुम्हारे भीतर अनंत ऊर्जा है।

लेकिन तुम्हारा ध्यान सहस्र दिशाओं में बंटा हुआ है— थोड़ा व्यर्थ के कौतूहल में, थोड़ा अतीत में, थोड़ा दूसरों की चर्चा में। इसलिए तुम स्वयं को निस्तेज (शक्तिहीन) अनुभव करते हो।

अपनी सारी ऊर्जा को समेटो और एक लक्ष्य पर लगा दो। सफलता तुम्हारे चरण चूमेगी।

मन को कैसे रोकें?

मन से लड़ो मत।

यदि तुम मन से कहोगे— "शांत हो जा", तो वह और कोलाहल करेगा।

इसे रोकने का एक ही उपाय है— 'साक्षी' बन जाना।

जैसे तुम नदी के तट पर बैठकर बहते हुए जल को देखते हो, वैसे ही मौन होकर अपने विचारों को देखो। उन्हें अच्छा या बुरा मत कहो। बस देखो।

धीरे-धीरे तुम पाओगे कि विचारों की गति धीमी हो गई है और मन शांत हो गया है।

एक समय, एक कार्य

एकाग्रता का सबसे सरल सूत्र है— एक समय में केवल एक कार्य।

जब चलो, तो केवल चलो।

जब सुनो, तो केवल सुनो।

आधा-अधूरा प्रयास मत करो। अपनी पूरी चेतना उस कार्य में डाल दो जो तुम अभी कर रहे हो।

यही ध्यान है, यही योग है।

अंतिम संदेश

जो 'यहाँ' नहीं है, वह कहीं नहीं है।

जीवन न आने वाले कल में है, न बीते हुए कल में।

जीवन केवल इसी क्षण में है।

अपने मन को पकड़कर वापस लाओ।

इस पल को पूर्णता से जी लेना ही एकाग्रता है।

षष्ठम खंड :

परम जिज्ञासा
(आध्यात्मिक रहस्य)

सूत्र २४ :

गुरु तत्त्व

(सच्चे गुरु की पहचान)

।। मूल मंत्र ।।

"गुरु कोई देह नहीं, गुरु एक तत्व है।

जो अंधेरे को काटकर प्रकाश कर दे, वही गुरु है।

दीपक को मत पूजो, उस लौ को देखो जो जल रही है।

उंगली को मत पकड़ो, उस चांद को देखो जिसकी ओर वह इशारा कर रही है।"

।। भाष्य ।।

अंधकार और प्रकाश

'गु' का अर्थ है अंधकार और 'रु' का अर्थ है प्रकाश। जो तुम्हें अज्ञान के अंधेरे से निकालकर ज्ञान के प्रकाश में ले जाए, वही गुरु है।

संसार में बहुत से लोग गुरु होने का स्वांग रचते हैं। वे तुम्हें नए-नए मंत्र देते हैं, कंठी-माला देते हैं और तुम्हें अपना दास बना लेते हैं।

सावधान रहो।

सच्चा गुरु तुम्हें अपने से नहीं बांधता, वह तुम्हें मुक्त करता है। वह तुम्हें बैसाखी नहीं देता, वह तुम्हें अपने पैरों पर चलना सिखाता है।

वह तुम्हें मार्ग दिखाता है, पर चलना तुम्हें स्वयं पड़ता है।

शिक्षक और गुरु

शिक्षक तुम्हें केवल सूचना देता है, पर गुरु तुम्हें 'दृष्टि' देता है।

शिक्षक तुम्हें बताता है कि जल का सूत्र क्या है, पर गुरु तुम्हें प्यास बुझाना सिखाता है।

गुरु कोई शास्त्र नहीं रटाता। वह तो एक जीवित अग्नि है। यदि तुम उसके पास जाओगे, तो तुम्हारा अहंकार जलकर राख हो जाएगा।

इसलिए अहंकारी व्यक्ति कभी सच्चे गुरु के समीप नहीं टिक सकता। उसे भय लगता है कि कहीं उसका 'मैं' मिट न जाए।

भीतर का गुरु

बाहरी गुरु का केवल एक ही प्रयोजन है— तुम्हें तुम्हारे 'भीतर बैठे गुरु' से मिलवा देना।

जैसे ही तुम जाग जाते हो, बाहरी गुरु का कार्य पूर्ण हो जाता है।

मृग अपनी कस्तूरी को बाहर खोज रहा है। गुरु केवल इतना करता है कि वह मृग का मुख उसकी अपनी नाभि की ओर घुमा देता है।

वह कहता है— "मुझे मत देखो, स्वयं को देखो।"

सच्चा शिष्य वह नहीं जो गुरु की छवि की पूजा करे, बल्कि वह है जो गुरु के संकेत को समझ जाए।

अंतिम संदेश

गुरु द्वार है, मंजिल नहीं।

द्वार से गुजरा जाता है, द्वार पर रुका नहीं जाता।

जिसने तुम्हें जगा दिया, उसके प्रति कृतज्ञ रहो, पर उससे मोह मत करो।

क्योंकि अंतिम यात्रा तुम्हें अकेले ही करनी है।

गुरु का हाथ थामो, ताकि तुम ईश्वर के चरण पकड़ सको।

और जब ईश्वर मिल जाए, तो गुरु का हाथ छोड़ने में संकोच मत करना।

सूत्र २५ :

भविष्य का भय

(चिंता से मुक्ति)

।। मूल मंत्र ।।

"भविष्य केवल एक कल्पना है, जो अभी जन्मी ही नहीं।

तुम उस पुल को पार करने से डर रहे हो, जो अभी आया ही नहीं।

कल की चिंता करना वैसा ही है,

जैसे उस ऋण का ब्याज चुकाना, जो तुमने लिया ही नहीं।"

।। भाष्य ।।

अदृश्य का भय

मनुष्य का सबसे बड़ा शत्रु 'अज्ञात' का भय है।

तुम आज दुखी नहीं हो, तुम कल के विचार से दुखी हो।

"यदि ऐसा हो गया तो क्या होगा? यदि धन चला गया तो? यदि रोग हो गया तो?"

ये 'यदि' और 'तो' तुम्हारे जीवन को दीमक की तरह खा रहे हैं।

सत्य यह है कि भविष्य धुंध के समान है। तुम चाहे जितनी भी आंखें फाड़कर देखो, तुम उसे देख नहीं सकते।

तो जो तुम्हारे हाथ में नहीं है, उसके लिए रोना मूर्खता है।

चिंता और चिता

शास्त्रों में कहा गया है— "चिंता, चिता समान है।"

चिता तो मुर्दे को जलाती है, पर चिंता जीवित व्यक्ति को जला देती है।

जब तुम भविष्य की सुरक्षा के लिए बहुत अधिक योजनाएं बनाते हो, तो तुम वर्तमान का सुख खो देते हो।

तुमने अपने बुढ़ापे के लिए धन जमा किया, पर जवानी की हंसी खो दी। क्या यह सौदा लाभ का है?

सुरक्षा का मोह छोड़ो। जीवन असुरक्षित है, और यही इसका सौंदर्य है। यदि सब कुछ पहले से पता होता, तो जीने का कोई उत्साह ही नहीं रहता।

विश्वास की शक्ति

पक्षी कल के लिए दाना इकट्ठा नहीं करते। उन्हें विश्वास है कि जिसने आज पेट भरा है, वह कल भी देगा।

मनुष्य के पास बुद्धि है, इसलिए वह डरता है। पक्षी के पास बुद्धि नहीं, केवल भरोसा है, इसलिए वह गाता है।

तुम्हें अपने पुरुषार्थ (कर्म) पर और उस परमात्मा की व्यवस्था पर विश्वास होना चाहिए।

जब तुम माँ के गर्भ में थे, तब तुम्हारी रक्षा किसने की? जब तुम अबोध बालक थे, तब तुम्हें किसने पाला?

वही शक्ति कल भी तुम्हारे साथ होगी।

अंतिम संदेश

कल का सूरज निकलेगा या नहीं, इसकी चिंता में आज की रात काली मत करो।

जो आएगा, उसे देखा जाएगा।

जो होगा, उसे सहा जाएगा।

स्वयं को इतना सबल बनाओ कि परिस्थितियां कैसी भी हों, तुम डगमगाओ नहीं।

भविष्य की सर्वश्रेष्ठ तैयारी यही है कि तुम अपने 'आज' को सर्वोत्तम ढंग से जियो।

सूत्र २६ :

ईश्वर का वास

(परमात्मा कहां है)

।। मूल मंत्र ।।

"मीन पूछती है कि सागर कहाँ है, जबकि वह सागर में ही तैर रही है।

मनुष्य पूछता है कि ईश्वर कहाँ है, जबकि वह उसी के भीतर सांस ले रहा है।

पत्थरों में उसे मत खोजो,

वह वहां नहीं है जहाँ तुम झुकते हो, वह वहां है जहाँ से तुम देखते हो।"

।। भाष्य ।।

मंदिर और भवन

मनुष्य ने अपनी सुविधा के लिए ईश्वर को मंदिरों और तीर्थों में कैद कर दिया है।

उसे लगता है कि ईश्वर केवल 'वहां' रहता है, 'यहाँ' नहीं। इसलिए वह मंदिर में जाकर साधु बनता है और बाहर आते ही शैतान बन जाता है।

यह पाखंड है।

ईश्वर कोई व्यक्ति नहीं है जो किसी विशेष भवन में रहता हो। ईश्वर एक 'तत्व' है, जैसे वायु।

वायु महल में भी है और कुटिया में भी। उसे दीवारों में नहीं बांधा जा सकता। यदि तुम उसे हर जगह नहीं देख सकते, तो तुम उसे कहीं नहीं देख पाओगे।

सागर और मीन

एक छोटी मछली ने अपनी माँ से पूछा— "मैंने समुद्र की बहुत चर्चा सुनी है, वह कहाँ है?"

माँ ने कहा— "तू जिस में तैर रही है, वही समुद्र है। वह तेरे भीतर भी है, और तेरे बाहर भी।"

हमारी स्थिति भी उसी मछली जैसी है। हम ईश्वर में ही जी रहे हैं, ईश्वर में ही चल रहे हैं, फिर भी हम पूछते हैं कि उसका पता क्या है?

जिसे तुम खोज रहे हो, वह खोजने वाला (तुम) स्वयं उसी का अंश है।

जीव में शिव

यदि तुम किसी भूखे मनुष्य का अनादर करके पत्थर की मूर्ति को भोग लगा रहे हो, तो तुम्हारी पूजा व्यर्थ है।

ईश्वर जड़ में नहीं, चेतन में है।

वह उस श्रमिक के पसीने में है, वह उस रोते हुए बालक के आंसुओं में है, वह उस गौ माता की आँखों में है।

हर जीवित प्राणी चलता-फिरता देवालय है। यदि तुम इनका सम्मान नहीं कर सकते, तो पत्थर के आगे सिर पटकने से कुछ नहीं मिलेगा।

दृश्य और द्रष्टा

तुम ईश्वर को आंखों से नहीं देख सकते, क्योंकि आँखों को देखने की शक्ति भी वही दे रहा है।

चिमटा खुद को पकड़ने वाले हाथ को नहीं पकड़ सकता। आँख खुद को नहीं देख सकती।

वह 'दृश्य' नहीं है जिसे देखा जाए, वह 'द्रष्टा' (देखने वाला) है जो तुम्हारे भीतर बैठकर सब देख रहा है।

जब तुम शांत होकर अपने भीतर झांकते हो, तो तुम्हें उसका अनुभव होता है।

अंतिम संदेश

तीर्थों की यात्रा बहुत कर ली।

अब एक यात्रा अपने भीतर की करो।

कस्तूरी मृग की तरह बाहर मत भटको।

अपनी आंखें बंद करो और मौन हो जाओ।

जो तुम्हारे भीतर 'मैं हूँ' का आभास करा रहा है, वही परमात्मा है।

उसे पुकारो मत, उसे पहचानो।

सूत्र २७ :

मृत्यु का सत्य

(डर का अंत)

।। मूल मंत्र ।।

"मृत्यु जीवन का अंत नहीं, केवल एक विश्राम है।

जैसे सूर्य अस्त होकर मरता नहीं, केवल ओझल होता है,

वैसे ही आत्मा देह त्यागती है, पर मिटती नहीं।

डरना उससे चाहिए जो अपूर्ण रह गया, उससे नहीं जो पूर्ण होने जा रहा है।"

।। भाष्य ।।

पुराने वस्त्र

तुम मृत्यु से इतना भयभीत क्यों हो?

क्या तुम तब रोते हो जब तुम पुराने, फटे हुए वस्त्र उतारकर नए वस्त्र धारण करते हो? नहीं, तुम प्रसन्न होते हो।

मृत्यु भी केवल वस्त्र बदलने की प्रक्रिया है।

जब यह शरीर जीर्ण-शीर्ण (पुराना और कमजोर) हो जाता है, तो प्रकृति इसे उतार देती है ताकि तुम्हें नया और सबल शरीर मिल सके।

यह शोक का नहीं, नवीनीकरण का उत्सव है।

निद्रा और मृत्यु

मृत्यु और कुछ नहीं, एक लंबी निद्रा है।

और निद्रा और कुछ नहीं, एक छोटी मृत्यु है।

रोज रात्रि को तुम सोते हो, सब कुछ भूल जाते हो, और सुबह ताजगी के साथ उठते हो।

मृत्यु के बाद भी तुम एक लंबी नींद में जाते हो, और फिर एक नए जन्म के रूप में जागते हो।

जो सोने से नहीं डरता, उसे मरने से भी नहीं डरना चाहिए। अंतर केवल समय का है।

भय का कारण

तुम्हें मृत्यु का भय इसलिए नहीं है कि जीवन समाप्त हो जाएगा।

तुम्हें भय इसलिए है क्योंकि तुम्हें लगता है कि "मेरा" सब कुछ छूट जाएगा— मेरा धन, मेरा परिवार, मेरा नाम।

यह 'मोह' ही दुख का कारण है।

स्मरण रखो, तुम खाली हाथ आए थे और खाली हाथ ही जाओगे। जो यहाँ मिला था, वह यहीं छूट जाएगा।

तुम एक यात्री हो। सराय (धर्मशाला) के कमरे से मोह मत करो, क्योंकि भोर होते ही उसे खाली करना पड़ेगा।

अमरता का बोध

मरता केवल शरीर है, जो मिट्टी का बना है।

वह तत्व जो तुम्हारे भीतर 'देख' रहा है, जिसे तुम

'आत्मा' कहते हो, उसे न शस्त्र काट सकते हैं, न आग जला सकती है।

जैसे घड़ा फूटने पर उसके अंदर का आकाश नष्ट नहीं होता, बल्कि बाहर के आकाश में मिल जाता है।

वैसे ही देह टूटने पर आत्मा परमात्मा में लीन हो जाती है।

अंतिम संदेश

मृत्यु जीवन के विपरीत नहीं है, वह जीवन का ही एक अंग है।

एक फूल को मुरझाना ही पड़ता है ताकि फल आ सके।

मृत्यु से भागो मत, उसे स्वीकार करो।

जिस दिन तुम मरने का भय छोड़ दोगे, उसी दिन तुम सही अर्थों में जीना शुरू करोगे।

हर पल ऐसे जिओ, जैसे यह अंतिम हो। यही जीवन का सार है।

सूत्र २८ :

सेवा और समर्पण

(कर्म योग)

।। मूल मंत्र ।।

"सेवा हाथ का नहीं, हृदय का धर्म है।

और समर्पण 'मैं' को मिटा देने का नाम है।

जब तक 'मैं' जीवित है, तब तक सेवा भी व्यापार है।

सच्चा सेवक वह है, जिसे यह भान ही न रहे कि 'मैंने' कुछ दिया है।"

।। भाष्य ।।

सेवा या व्यापार?

संसार में बहुत से लोग दान और सेवा करते हैं, परंतु उनके मन में यह भाव रहता है कि— "मैं कितना महान हूँ, मैंने उसकी सहायता की।"

यह सेवा नहीं, यह अहंकार का भोजन है।

यदि तुम किसी की सहायता करके उससे आभार की अपेक्षा रखते हो, तो तुमने सेवा नहीं की, तुमने सौदा किया है।

सच्ची सेवा वह है जब तुम लेने वाले के प्रति कृतज्ञ (आभारी) हो कि उसने तुम्हारा सहयोग स्वीकार किया और तुम्हें सेवा का अवसर दिया।

समर्पण का अर्थ

समर्पण का अर्थ निष्क्रिय होकर बैठना नहीं है।

समर्पण का अर्थ है— "हाथ काम में, और मन राम में।"

अपना कर्म पूरी शक्ति से करो, पर उसका फल ईश्वर के चरणों में रख दो। जैसे किसान खेत में बीज बोता है (कर्म), पर वर्षा के लिए आकाश की ओर देखता है (समर्पण)।

जब तुम यह मान लेते हो कि "मैं केवल एक निमित्त (माध्यम) हूँ, करने वाला कोई और है", तब तुम्हारा जीवन चिंताओं से मुक्त हो जाता है।

हनुमान की निष्ठा

सेवा और समर्पण का सबसे श्रेष्ठ उदाहरण हनुमान जी हैं।

उन्होंने लंका जलाई, समुद्र लांघा, पर्वत उठाया, परंतु कभी यह नहीं कहा कि "मैंने किया"।

जब उनसे पूछा गया, तो उन्होंने कहा— "यह तो प्रभु राम की कृपा है, मैं तो केवल उनका दास हूँ।"

जिस दिन तुम्हारे भीतर से 'कर्त्ता-भाव' (मैंने किया का भाव) चला जाएगा, उसी दिन तुम्हारी छोटी सी सेवा भी महा-पूजा बन जाएगी।

स्वामी नहीं, सेवक बनो

इस संसार में स्वामी बनने का प्रयास मत करो। स्वामी केवल एक है।

तुम 'माली' बनो।

माली उपवन की देख-रेख करता है, पौधों को पानी देता है, पर वह जानता है कि उपवन उसका नहीं है।

तुम भी परिवार और समाज की सेवा करो, पर 'स्वामित्व' (अधिकार) का भाव मत रखो।

अंतिम संदेश

यदि ईश्वर को पाना है, तो उसके बनाए जीवों की सेवा करो।

मंदिर में दिया जलाने से पहले, किसी गरीब के घर का चूल्हा जलाओ।

सेवा ही परम धर्म है और समर्पण ही परम ज्ञान है।

झुक जाओ, ताकि तुम उठ सको।

मिट जाओ, ताकि तुम पा सको।

सूत्र २९ :

मौन की शक्ति

(बिना बोले संवाद)

।। मूल मंत्र ।।

"शब्द तो केवल संकेत हैं, शक्ति तो मौन में छिपी है।

जो बहुत बोलता है, वह अपनी ऊर्जा खो देता है।

और जो मौन हो जाता है, वह ब्रह्मांड की ऊर्जा को पा लेता है।

ईश्वर की भाषा मौन है, शेष सब तो केवल अनुवाद है।"

।। भाष्य ।।

कोलाहल का संसार

मनुष्य शोर से भरा हुआ है।

बाहर बाजार का कोलाहल है और भीतर विचारों का द्वंद्व। तुम एक पल भी शांत नहीं बैठ सकते।

तुम्हें सदैव कुछ न कुछ बोलने या सुनने की आदत पड़ गई है।

जानते हो क्यों?

क्योंकि तुम्हें 'सन्नाटे' से भय लगता है। तुम्हें लगता है कि यदि तुम चुप हो गए, तो तुम्हें अपनी ही सच्चाइयों का सामना करना पड़ेगा।

इसलिए तुम शोर मचाकर स्वयं को व्यस्त रखते हो। परंतु स्मरण रखो, शांति कभी शोर में नहीं मिलती।

ऊर्जा का संचय

वाणी में अपार शक्ति है, पर तुम उसे व्यर्थ के वार्तालाप में नष्ट कर देते हो।

जब तुम एक शब्द बोलते हो, तो तुम अपनी प्राण-शक्ति का एक अंश खो देते हो।

ऋषि-मुनि वर्षों तक 'मौन' रहते थे। क्यों? ताकि वे अपनी ऊर्जा को बचा सकें और उसे आत्म-ज्ञान की ओर मोड़ सकें।

जितना कम बोलोगे, तुम्हारी वाणी में उतना ही तेज (प्रभाव) होगा। जो हर समय बोलता रहता है, उसकी बात का कोई मूल्य नहीं समझता।

प्रार्थना या याचना?

तुम मंदिर जाते हो और वहां भी चुप नहीं रहते।

तुम वहां भी अपनी मांगों की सूची पढ़ने लगते हो— "यह दे दो, वह दे दो।"

प्रार्थना का अर्थ बोलना नहीं, 'सुनना' है।

ईश्वर तो प्रतिपल बोल रहा है, पर तुम इतना शोर मचा रहे हो कि उसकी ध्वनि तुम तक पहुँच ही नहीं पाती।

यदि उससे संवाद करना है, तो अपनी जिह्वा बंद करो और अंतरात्मा के कान खोलो।

शून्य की सिद्धि

घड़े में जल तभी भरता है जब वह भीतर से खाली हो।

बांसुरी से संगीत तभी निकलता है जब वह अंदर

से रिक्त (खोखली) हो।

यदि तुम विचारों और शब्दों से भरे रहोगे, तो परमात्मा का संगीत तुम्हारे भीतर कैसे गूंजेगा?

मौन का अर्थ केवल होंठ बंद करना नहीं है। मौन का अर्थ है— भीतर के विचारों को भी विराम दे देना।

अंतिम संदेश

सत्य को शब्दों में व्यक्त नहीं किया जा सकता।

गूँगे व्यक्ति को गुड़ का स्वाद कैसा लगता है, वह यह बता नहीं सकता, केवल मुस्कुरा सकता है।

ज्ञान का अंतिम पड़ाव मौन है।

तर्क मत करो, सिद्ध मत करो।

बस शांत हो जाओ।

जो कहा नहीं जा सकता, उसे अनकहा ही समझो।

सूत्र ३० :
महा-समाधान
(जीवन का अंतिम निष्कर्ष)

।। मूल मंत्र ।।

"संसार में समस्याएं अनंत हैं, पर समाधान केवल एक है।

बाहर झांकोगे तो प्रश्न ही प्रश्न मिलेंगे,

भीतर देखोगे तो उत्तर ही उत्तर मिलेंगे।

भटकना ही दुख है,

और ठहर जाना ही परम सुख है।"

।। भाष्य ।।

१. दर्पण की धूल

तुम संसार को बदलना चाहते हो, यही तुम्हारी सबसे बड़ी समस्या है।

यह वैसा ही है जैसे कोई दर्पण में अपने चेहरे पर लगी कालिख देखकर, दर्पण को ही पोंछने लगे।

दर्पण रगड़ने से चेहरा स्वच्छ नहीं होगा।

संसार तुम्हारा दर्पण है। यदि तुम भीतर से शांत हो, तो तुम्हें बाहर भी शांति दिखेगी। यदि तुम भीतर से कलह में हो, तो तुम्हें पूरा संसार युद्ध का मैदान दिखेगा।

स्वयं को बदल लो, संसार अपने आप बदल जाएगा।

२. कंठ का हार

एक बार एक व्यक्ति अपना बहुमूल्य हार (माला) खोज रहा था। वह व्याकुल होकर इधर-उधर भाग रहा था, लोगों से पूछ रहा था कि "मेरा हार कहाँ गया?"

तब एक समझदार व्यक्ति ने उसे दर्पण दिखाया। हार उसके गले में ही था।

तुम्हारी स्थिति भी वैसी ही है।

तुम शांति और समाधान को बाहर की दुनिया में ढूंढ रहे हो, जबकि वह तुम्हारे भीतर ही विद्यमान है।

तुम्हारी वस्तु खोई नहीं है, केवल तुम्हारा ध्यान भटक गया है। जो पहले से प्राप्त है, उसे ही फिर से जानना— यही एकमात्र समाधान है।

३. प्रश्न और उत्तर

जब तक मन अशांत है, वह नए-नए प्रश्न खड़े करता रहेगा।

"ऐसा क्यों हुआ? मेरे साथ ही क्यों? आगे क्या होगा?"

इन प्रश्नों का कोई अंत नहीं है। एक प्रश्न का उत्तर मिलेगा, तो दस नए प्रश्न खड़े हो जाएंगे।

समाधान बुद्धि के पास नहीं है, समाधान 'मौन' के पास है।

जब तुम 'विचार-शून्य' हो जाते हो, तब तुम्हें बोध होता है कि जीवन कोई पहेली नहीं जिसे सुलझाना हो, यह तो एक उत्सव है जिसे जीना है।

४. ताला और चाबी

ईश्वर ने तुम्हें बिना चाबी के ताला बनाकर नहीं भेजा।

समस्या यदि 'बाहर' के जगत में दिख रही है, तो उसकी चाबी तुम्हारे 'भीतर' के जगत में रखी है।

'संतोष' वह चाबी है।

जिस दिन तुम मान लेते हो कि— "जो ईश्वर ने दिया है, वह मेरे लिए सर्वश्रेष्ठ है", उसी क्षण सारी समस्याएं धुएं की तरह उड़ जाती हैं।

अंतिम संदेश

जीवन में अंधकार कितना भी गहरा क्यों न हो, उसे हटाने के लिए तलवार की आवश्यकता नहीं पड़ती, केवल एक छोटे से दीपक की आवश्यकता होती है।

वह दीपक है— 'जागृति'।

जाग जाओ।

तुम देह नहीं, आत्मा हो।

तुम अभाव नहीं, स्वभाव से ही आनंद हो।

यही एकमात्र समाधान है।

बाकी सब तो केवल मन का खेल है।

।। महा-समाधान की तीन अंतिम अनुभूतियाँ ।।

महाशून्य
(मोक्ष द्वार)

सूत्र (क):
एकांत और मौन

।। मूल मंत्र ।।

"भीड़ में तुम 'स्वयं' को खो देते हो,

एकांत में तुम 'स्वयं' को पा लेते हो।

शब्दों का शोर सत्य को ढाँक लेता है,

ईश्वर केवल मौन की भाषा समझता है।"

।। भाष्य ।।

अकेलापन बनाम एकांत

संसार में लोग अकेले होने से डरते हैं। उन्हें लगता है कि कोई साथ न हो तो जीवन सूना है।

परन्तु तुम्हें 'अकेलेपन' और 'एकांत' का भेद समझना होगा।

अकेलापन एक गरीबी है— जहाँ तुम्हें लगता है कि दूसरे की कमी है। तुम दुखी होकर किसी को ढूँढते हो।

एकांत एक बादशाही है— जहाँ तुम स्वयं से इतने भरे हुए हो कि तुम्हें किसी और की आवश्यकता नहीं। तुम अपने ही आनंद में मग्न हो।

अकेलापन तुम्हें कमजोर बनाता है, जबकि एकांत तुम्हें आत्म-शक्ति से भर देता है। जो व्यक्ति अकेले बैठने का साहस रखता है, वही वास्तव में स्वतंत्र है।

शब्दों का अपव्यय

हमने अपने जीवन को व्यर्थ के शब्दों से भर दिया है। हम बोलने के रोगी हो गए हैं।

जरा सोचो, दिन भर में तुम जो बोलते हो, उसमें से कितना आवश्यक है?

कदाचित नब्बे प्रतिशत बातें व्यर्थ की होती हैं— निंदा, शिकायत, बकवास।

हर शब्द तुम्हारी प्राण-ऊर्जा को खर्च करता है। जितना तुम अधिक बोलते हो, उतना तुम भीतर से खाली और हल्के होते जाते हो।

मौन की शक्ति

मौन का अर्थ केवल होठों को बंद करना नहीं है।

मौन का अर्थ है— "भीतर के शोर को बंद करना।"

जब तुम चुप होते हो, तब तुम्हारी ऊर्जा बाहर बहना बंद कर देती है और भीतर जमा होने लगती है। इसी ऊर्जा से तुम्हारे भीतर का "दीपक" जलता है।

सत्य को शब्दों में नहीं कहा जा सकता। प्रेम को शब्दों में नहीं कहा जा सकता। जीवन के जो भी गहरे अनुभव हैं, वे सब मौन में घटते हैं।

जब दो प्रेमी पास बैठते हैं, तो वे चुप हो जाते हैं। जब तुम किसी सुंदर सूर्यास्त को देखते हो, तो तुम चुप हो जाते हो। क्योंकि जहाँ आनंद है, वहाँ शब्द छोटे पड़ जाते हैं।

शून्य में प्रवेश

प्रतिदिन कुछ समय निकालो— न कोई किताब, न कोई मित्र, न कोई काम।

बस चुपचाप बैठो।

प्रारंभ में भीतर बहुत शोर मचेगा, पुरानी यादें

आएंगी। घबराना मत। बस देखते रहो।

धीरे-धीरे धूल बैठ जाएगी और एक सन्नाटा छा जाएगा।

उसी सन्नाटे में तुम्हें वह आवाज सुनाई देगी, जिसे तुम बाहर के शोर में अनसुना करते आए हो।

सूत्र (ख) :

मृत्यु का उत्सव

।। मूल मंत्र ।।

"मृत्यु जीवन का अंत नहीं, केवल एक रूपांतरण है।

जैसे नदी सागर में गिरकर समाप्त नहीं होती,

बल्कि स्वयं सागर बन जाती है।

जो ठीक से जीना जानता है, वह मृत्यु का स्वागत एक उत्सव की भांति करता है।"

।। भाष्य ।।

अमंगल का भ्रम

समाज ने तुम्हें सिखाया है कि मृत्यु एक "अशुभ" घटना है।

जब कोई मरता है, तो हम रोते हैं, शोक मनाते हैं। क्यों?

क्योंकि हम मृत्यु को जीवन का विरोधी मानते हैं।

सत्य यह है कि मृत्यु जीवन के विपरीत नहीं है, मृत्यु जीवन का ही एक अनिवार्य अंग है।

जैसे श्वास लेना (जन्म) और श्वास छोड़ना (मृत्यु)— ये दोनों एक ही क्रिया के दो पहलू हैं। यदि तुम श्वास छोड़ोगे नहीं, तो नई श्वास लोगे कैसे?

भय का कारण

मृत्यु से डर किसे लगता है?

मृत्यु से केवल उसे डर लगता है जिसने अपना जीवन जीया ही नहीं।

जिसने अपनी इच्छाओं को टाला, जिसने प्रेम नहीं किया, जिसने सत्य को नहीं जाना— उसे लगता है कि "अभी तो मैं जीया ही नहीं और समय समाप्त हो गया।"

जैसे एक परीक्षा भवन में वह छात्र डरता है जिसने साल भर पढ़ाई नहीं की, जब घंटी बजती है और कॉपी छीन ली जाती है। जिसने तैयारी की है, वह मुस्कुराते हुए कॉपी जमा करता है।

वस्त्र परिवर्तन

गीता का यह परम सत्य सदा स्मरण रखो— तुम यह शरीर नहीं हो।

शरीर तो केवल एक वस्त्र है जो पुराना होकर फट गया है। मृत्यु उस फटे हुए वस्त्र को उतारकर नया वस्त्र धारण करने की प्रक्रिया है।

क्या तुम पुराने और मैले कपड़े उतारने पर रोते हो? नहीं।

तो फिर इस जीर्ण शरीर के छूटने पर भय कैसा?

पूर्णता का क्षण

एक साधक के लिए मृत्यु कोई दुर्घटना नहीं, बल्कि एक "महोत्सव" है।

यह वह घड़ी है जब बूंद वापस सागर में मिलती है। यह वह क्षण है जब पिंजरा टूटता है और पक्षी अनंत आकाश में उड़ जाता है।

जीवन भर तुम जिस 'शांति' और 'विश्राम' के लिए तड़पते रहे, मृत्यु वही परम विश्राम लेकर आती है।

इसलिए, मृत्यु का चिंतन करो। जो यह याद रखता है कि "मुझे एक दिन जाना है",

वह कभी व्यर्थ के झगड़ों और अहंकार में अपना समय नष्ट नहीं करता।

उसकी हर सुबह एक नई कृपा होती है।

सूत्र (ग) :
पूर्ण विराम
(शून्य)

।। मूल मंत्र ।।

"यात्रा वहीं समाप्त होती है, जहाँ से आरम्भ हुई थी।

खोजने वाला ही खो जाए, यही परम उपलब्धि है।

अब कुछ पाना शेष नहीं, कुछ खोना शेष नहीं।

बस तू ही है... और तू भी नहीं है।"

।। भाष्य ।।

दौड़ का अंत

हम पूरे जीवन कस्तूरी मृग की भांति दौड़ते रहे। कभी सुख के पीछे, कभी शांति के पीछे, कभी ईश्वर के पीछे।

लेकिन अंत में दौड़कर हम वहीं पहुँचते हैं, जहाँ हम पहले से थे— "अपने भीतर।"

तुमने पूरी दुनिया छान मारी, पर जिसे तुम खोज रहे थे, वह तुम्हारे भीतर बैठकर तुम्हारी आँखों से ही दुनिया को देख रहा था।

खोज बाहर नहीं थी, खोज तो केवल "जागने" की थी।

शून्य हो जाना

गणित में शून्य का अपना कोई मान नहीं होता, लेकिन जब वह किसी अंक के साथ जुड़ता है, तो उसकी शक्ति दस गुना बढ़ा देता है।

जीवन में भी वही शून्य बन जाओ।

जब तक तुम "कुछ" हो (अहंकारी हो), तब तक तुम सीमित हो।

जिस दिन तुम "शून्य" हो जाओगे (अहंकार रहित), उस दिन तुम अनंत हो जाओगे।

एक बांसुरी को देखो। वह भीतर से पूरी तरह खाली (पोली) होती है। इसीलिए परमात्मा उसमें से मधुर संगीत बजा सकता है। यदि बांसुरी भीतर से भरी होती, तो वह केवल एक लकड़ी का डंडा होती।

तुम भी अपने भीतर के कचरे को खाली कर दो। खाली हो जाओ, ताकि अस्तित्व तुम्हारे माध्यम से अपना गीत गा सके।

अंतिम सत्य

इस ग्रंथ का, और तुम्हारे जीवन का अंतिम लक्ष्य कोई "ज्ञान" प्राप्त करना नहीं है।

अंतिम लक्ष्य है— "चुप हो जाना।"

मन का चुप हो जाना। वासनाओं का चुप हो जाना। प्रश्नों का चुप हो जाना।

जब तुम्हारे भीतर कोई प्रश्न न बचे, तो समझना कि उत्तर मिल गया।

जब कहीं जाने की इच्छा न बचे, तो समझना कि घर आ गए।

विदाई संदेश

अब इस ग्रंथ को बंद करो। शब्दों का काम तुम्हें द्वार तक लाना था, द्वार के भीतर तुम्हें अकेले ही जाना होगा। अब पढ़ना छोड़ो, और 'जीना' शुरू करो।

अब उठो, और अपने जीवन के उस शौर्य को सिद्ध करो जिसका सत्य आगे के यथार्थ संहितार्थ के सूत्रों में छिपा है।

।। ॐ शांतिः शांतिः शांतिः ।।

॥ महा-संगम ॥

॥ यथार्थ संहितार्थ ॥

परम स्तब्धता एवं शून्य का साक्षात्कार

॥ प्रेम, परिवार और परमात्मा: त्रिवेणी का मौन ॥

सूत्र:

परम स्तब्धता

(शून्य का साक्षात्कार)

।। मूल मंत्र ।।

"जहाँ तर्क समाप्त होता है, वहीं से यथार्थ आरम्भ होता है।

प्रेम, परिवार और परमात्मा—ये तीन वे द्वार हैं,

जहाँ पहुँचकर वाणी शब्द खो देती है और अहंकार घुटने टेक देता है।"

।। भाष्य ।।

संसार में मनुष्य हर जगह अपनी बुद्धि और तर्क (डिबेट) से लड़ सकता है, किन्तु जीवन के तीन केंद्र ऐसे हैं जहाँ वह पूरी तरह 'सुन' (निशब्द) हो जाता है:

१. परिवार (मर्यादा का मौन): यह वह स्थान है जहाँ आप सत्य जानते हुए भी 'अपनत्व' और 'मर्यादा' के कारण चुप रह जाते हैं। यहाँ का मौन आपकी हार नहीं, बल्कि आपके हृदय की विशालता का प्रमाण है। यहाँ तर्क नहीं, केवल त्याग शेष रह जाता है।

२. प्रेम (विसर्जन का मौन): प्रेम वह अग्नि है जहाँ मनुष्य स्वयं को मिटाने के लिए तत्पर रहता है। यहाँ सामने वाले के प्रति कोई 'कटाक्ष' या 'प्रहार' संभव नहीं है, क्योंकि यहाँ दूसरा कोई है ही नहीं—यहाँ केवल 'प्रेम' है। इस स्थान पर पहुँचकर मनुष्य की सारी चतुराई और बुद्धि शून्य हो जाती है।

३. परमात्मा (समर्पण का मौन): जब मनुष्य प्रेम और परिवार के इन 'मौन' अनुभवों से गुजरता है, तब वह परमात्मा के सम्मुख खड़ा होता है। यहाँ कष्ट हो या सुख, कोई शिकायत (दोष) नहीं बचती। जैसे नमक की पुतली सागर की थाह लेने गई और स्वयं सागर हो गई, वैसे ही यहाँ मनुष्य 'लीन' होकर शून्य हो जाता है।

॥ त्रिविध मौन: जहाँ मनुष्य स्वयं को अर्पित कर देता है ॥

१. परिवार: मर्यादा का मौन

यथार्थ: अपने ही रक्त-संबंधों के सम्मुख सब कुछ जानते हुए भी 'तर्क' का त्याग कर देना ही परिवार का यथार्थ है। संसार में जीतना सरल है, किन्तु अपनों के सामने स्वेच्छा से हार जाना सबसे कठिन साधना है। जब आप देखते हैं कि आपके अपने (माता-पिता, बड़े या प्रियजन) किसी भ्रम, आवेश या अज्ञानवश कुछ कह रहे हैं, तब आप उनके सामने 'कटाक्ष' या 'विवाद' इसलिए नहीं करते क्योंकि वहाँ 'बुद्धि' की चतुरता से बड़ा 'रिश्ते का मौन' और 'मर्यादा' होती है।

यहाँ मौन रहने का अर्थ यह कदापि नहीं कि आपमें उत्तर देने की शक्ति नहीं है, बल्कि इसका अर्थ यह है कि आपने अपनी शक्ति का संयम करना सीख लिया है। यह मौन आपकी दुर्बलता

नहीं, बल्कि आपके चरित्र की वह दृढ़ता है जो घर की शांति और गरिमा को बिखरने से बचा लेती है।

यथार्थ यह है कि जहाँ तर्क खड़ा होता है, वहाँ प्रेम संकुचित हो जाता है; और जहाँ मर्यादा खड़ी होती है, वहाँ कटुता स्वयं ही समाप्त हो जाती है। एक समझदार मनुष्य अपनों के मान की रक्षा के लिए अपने 'सही होने के अहंकार' को सहजता से अर्पित कर देता है, ताकि परिवार की जड़ें और प्रेम की मर्यादा सदैव फलती-फूलती रहे। यह मौन ही वह धागा है जो परिवार रूपी मोतियों को बिखरने से रोके रखता है।

२. प्रेम: शून्यता का मौन

यथार्थ: प्रेम वह केंद्र है जहाँ मनुष्य सबसे पहले अपनी 'मर्जी' को सामने वाले के चरणों में अर्पित कर देता है। यहाँ 'तर्क' की कोई गुंजाइश नहीं होती, क्योंकि जहाँ तर्क खड़ा होता है, वहाँ प्रेम विदा हो जाता है। प्रेम में मौन रहने का अर्थ यह नहीं है कि आपके पास शब्द नहीं हैं, बल्कि इसका अर्थ यह है कि अब आपके पास 'स्वयं' का कोई निजी पक्ष ही नहीं बचा है।

यहाँ सामने वाले की पीड़ा, उसकी उपेक्षा या उसके आवेश को भी बिना किसी 'शिकायत' के स्वीकार कर लेना ही प्रेम का सर्वोच्च यथार्थ है। प्रेम वह अग्नि है जहाँ मनुष्य की अपनी 'मर्ज़ी' पूरी तरह शांत होकर शून्य हो जाती है। यहाँ 'कटाक्ष' या 'दोषारोपण' इसलिए संभव नहीं है, क्योंकि जिसे आप प्रेम करते हैं, उसे आप स्वयं का ही विस्तार मानने लगते हैं।

इस शून्यता का अर्थ केवल चुप रहना नहीं है, बल्कि अन्तःकरण के शोर का शांत हो जाना है। जब प्रेमी का 'मैं' समाप्त हो जाता है, तब उसे सामने वाले का दिया हुआ 'विष' भी 'प्रसाद' लगने लगता है। यहाँ मौन कोई मजबूरी नहीं, बल्कि एक ऐसा परम सुख है जहाँ शब्द छोटे पड़ जाते हैं और केवल 'उपस्थिति' शेष रह जाती है। जिसने प्रेम में इस निशब्द (सुन) होने की कला को सीख लिया, उसने बिना किसी शास्त्र के परमात्मा के पहले द्वार को पा लिया

३. परमात्मा: पूर्ण समर्पण का मौन

यथार्थ: यह मौन की वह अंतिम अवस्था है जहाँ पहुँचकर मनुष्य 'साधक' से 'सिद्ध' हो जाता है। परमात्मा के सम्मुख मौन रहने का अर्थ केवल चुप

रहना नहीं, बल्कि अपने अस्तित्व के प्रश्न और उत्तर दोनों को उसके चरणों में रख देना है। इस परम सत्य तक पहुँचने के तीन द्वार हैं:

प्रथम द्वार (प्रेम का द्वार): यह 'अहंकार के विसर्जन' का द्वार है। यहाँ मनुष्य दूसरे (प्रियतम) के लिए स्वयं को शून्य करना सीखता है। जिसने प्रेम में बिना शिकायत चुप रहना सीख लिया, उसने पहले द्वार को पा लिया। यहाँ 'स्वयं' को मिटाने का अभ्यास होता है।

द्वितीय द्वार (स्वीकार का द्वार): यह 'मर्जी के समर्पण' का द्वार है। यहाँ मनुष्य संसार के हर सुख-दुख, लाभ-हानि और विधाता के हर प्रहार को उसकी 'प्रसन्नता' मानकर स्वीकार कर लेता है। यहाँ पहुँचकर व्यक्ति यह पूछना बंद कर देता है कि "मेरे साथ ही ऐसा क्यों?" जब मनुष्य के भीतर से 'क्यों' शब्द समाप्त हो जाता है, तब वह दूसरे द्वार को पार कर लेता है। यह द्वार धैर्य और अडिग विश्वास का है।

तृतीय द्वार (सायुज्य का द्वार): यह 'पूर्ण विलय' का द्वार है। यहाँ भक्त और भगवान, बूंद और सागर का अंतर समाप्त हो जाता है। यह वह परम द्वार है जहाँ प्रार्थना भी नहीं बचती, क्योंकि माँगने

वाला ही नहीं बचा। यहाँ पहुँचकर साधक पूरी तरह निशब्द (सुन) हो जाता है। जैसे नमक की पुतली सागर की गहराई नापने गई और स्वयं सागर ही हो गई, वैसे ही यहाँ आत्मा परमात्मा में समाकर स्वयं परमात्मा का रूप हो जाती है।

निष्कर्ष:

परमात्मा के द्वार पर खड़ा मनुष्य तर्क नहीं करता, केवल 'अहोभाव' में डूबा रहता है। यहाँ कष्ट हो या आनंद, कोई 'वाद-विवाद' शेष नहीं रहता। आप परमात्मा को दोष इसलिए नहीं दे सकते क्योंकि अब आप उससे अलग हैं ही नहीं। यहाँ मौन का अर्थ कोई विवशता नहीं, बल्कि परम सत्य में समाहित हो जाना है। यही वह यथार्थ है जहाँ जीवन अपनी सार्थकता प्राप्त करता है।

तृतीय द्वार (सायुज्य का द्वार): पूर्ण विलय और एकाकार

यथार्थ: यह वह अंतिम सीमा है जहाँ मनुष्य स्वयं को पूरी तरह परमात्मा में विलीन कर देता है। यहाँ 'खत्म' होने का अर्थ है—स्वयं की सीमाओं को तोड़कर असीम हो जाना। यहाँ साधक की अपनी कोई इच्छा, अपनी कोई भाषा या अपनी कोई हस्ती शेष नहीं रहती। वह परमात्मा से अलग

रहकर उसे 'देखता' नहीं, बल्कि उसमें 'डूबकर' स्वयं वही हो जाता है। जैसे अग्नि में तपकर लोहा अग्नि का ही रूप ले लेता है, वैसे ही यहाँ आत्मा परमात्मा के साथ एक हो जाती है। यह वह परम विश्राम है जहाँ सारे प्रश्न और सारे द्वंद्व सदा के लिए शांत हो जाते हैं। इसके बाद न कुछ पाना शेष रहता है, न कुछ खोना।

—शून्यता (सुन हो जाना) तो बस शुरुआत है, वह तो केवल दरवाजा खुला है। लेकिन उस घर के भीतर प्रवेश करके परमात्मा का 'पूर्ण' अनुभव करने की जो यात्रा है, उसे मैं यहाँ बहुत स्पष्टता से लिख रहा हूँ।

परमात्मा में पूर्णता पाने के लिए शून्यता के बाद ये तीन पड़ाव आते हैं, जो मनुष्य को पूरी तरह 'ईश्वरमय' बना देते हैं:

परमात्मा में पूर्णता का मार्ग: शून्यता से पूर्णत्व तक

१. प्रथम पड़ाव: शून्यता (द्वार का खुलना)

यहाँ मनुष्य संसार के शोर से मुक्त होकर अंदर से 'सुन' (निशब्द) हो जाता है। अब उसे न बाहर की निंदा सुनाई देती है, न अपनी प्रशंसा का अहंकार होता है। यह वह स्थिति है जहाँ उसने 'मैं' को चुप करा दिया है। यह ईश्वर को पाने का पहला द्वार है।

२. द्वितीय पड़ाव: स्वीकार (ईश्वर की रजा में जीना)

द्वार खुलने के बाद जब आप भीतर कदम रखते हैं, तो वहाँ 'स्वीकार' खड़ा होता है। यहाँ पहुँचकर मनुष्य यह नहीं कहता कि **"प्रभु!** मुझे यह सुख दे दो" या "मेरा यह दुख हर लो।" वह कहता है— "दाता! जो तेरी मर्जी, वही मेरी मर्जी।

" यहाँ मनुष्य विधाता के हर प्रहार और हर वरदान को एक ही भाव से स्वीकार करता है। जब मन से 'शिकायत' और 'क्यों' पूरी तरह मिट जाता है, तब समझिये कि आप ईश्वर के बहुत निकट पहुँच गए हैं।

३. तृतीय पड़ाव: सायुज्य (पूर्ण विलय - एक हो जाना)

यह पूर्णता की अंतिम अवस्था है।

यहाँ पहुँचकर मनुष्य 'खत्म' नहीं होता, बल्कि वह 'विराट' हो जाता है। जैसे नमक की पुतली सागर की गहराई नापने गई और खुद सागर ही हो गई, वैसे ही यहाँ भक्त और भगवान का अंतर समाप्त हो जाता है। यहाँ 'मैं' और 'तू' का पर्दा गिर जाता है।

यहाँ साधक यह नहीं कहता कि "मैं भगवान की भक्ति कर रहा हूँ," बल्कि उसकी हर सांस, उसका हर कर्म और उसका हर मौन स्वयं 'परमात्मा' हो जाता है।

निष्कर्ष: पूर्णता क्या है?

परमात्मा में पूर्णता का अर्थ है—अपने 'स्व' को परमात्मा के 'सत्य' में पूरी तरह डुबो देना।

जब बूंद सागर में गिरती है, तो वह मरती नहीं है, बल्कि वह खुद 'सागर' हो जाती है। यही पूर्णता है। इसके बाद न कोई जन्म रहता है, न कोई मृत्यु, न

कोई सुख, न कोई दुख। केवल एक अखंड शांति और आनंद शेष रह जाता है।

यहाँ '**आनंद**' शब्द का अर्थ वह नहीं है जिसे हम संसार में सुख-दुख के साथ जोड़कर देखते हैं।

जब मैं कहता हूँ कि "केवल एक अखंड शांति और आनंद शेष रह जाता है", तो इसका यथार्थ बहुत गहरा है। इसे ऐसे समझिए:

संसार में हमें जो 'सुख' मिलता है, उसके पीछे 'दुख' छिपा होता है (जैसे दिन के पीछे रात)। लेकिन परमात्मा को पा लेने के बाद जो 'परमानंद' मिलता है, वह किसी वस्तु या व्यक्ति से नहीं आता। वह आपका अपना स्वभाव बन जाता है।

प्रश्न के उत्तर में दो बातें बहुत महत्वपूर्ण हैं:

१. आनंद से बड़ा भी कुछ है क्या?

, आनंद ही परमात्मा का स्वरूप है। हमारे शास्त्रों में कहा गया है— 'सच्चिदानंद' (सत्य / चित्त / आनंद)। आनंद ही वह अंतिम पड़ाव है जहाँ

पहुँचकर खोज समाप्त हो जाती है। लेकिन यह वह आनंद नहीं है जो सुख से आता है, यह वह आनंद है जो 'परम स्तब्धता' और 'परम शांति' से पैदा होता है।

२. आनंद ही परमात्मा है या परमात्मा आनंद है?

यथार्थ यह है कि परमात्मा को 'पाना' और 'स्वयं आनंद स्वरूप हो जाना' एक ही बात है। जब बूंद सागर में मिली, तो उसे जो सुख मिला, वही आनंद है। उससे आगे कुछ नहीं है, क्योंकि वहां पहुँचकर 'पाने वाला' (भक्त) और 'दी जाने वाली वस्तु' (परमात्मा) का अंतर ही मिट गया।

कहने का सरल मतलब यह है:

परमात्मा को पा लेने का मतलब कोई जादुई शक्ति पाना नहीं है, बल्कि एक ऐसी अवस्था में पहुँच जाना है

जहाँ:

न कोई अपेक्षा बचती है,

न कोई अतृप्ति बचती है।

वहाँ केवल एक गहरा 'ठहराव' रह जाता है। उसी ठहराव को, उसी गहरी शांति को हम 'आनंद' कहते हैं। उससे बड़ा, उससे ऊँचा और उससे गहरा ब्रह्मांड में कुछ भी नहीं है।

वह 'पूर्ण विराम' है।

क्योंकि यह 'परम सत्य' का वह छोर है जिसे केवल अनुभव किया जा सकता है।

जब मैं कहता हूँ कि

"ब्रह्मांड में इससे ऊँचा और गहरा कुछ नहीं", तो उसका अर्थ उस 'पूर्णता' से है जिसे पा लेने के बाद मनुष्य के भीतर की हर प्यास सदा के लिए बुझ जाती है। आइए, इस गहरे ठहराव और ब्रह्मांड के इस सर्वोच्च शिखर को सरल भाषा में समझते हैं:

१. ऊंचे से ऊंचा (सर्वोच्च शिखर)

संसार में 'ऊँचा' उसे माना जाता है जो दूसरों से ऊपर हो (जैसे पद, प्रतिष्ठा या धन)। लेकिन परमात्मा का 'ऊँचा' होना अलग है। यहाँ ऊँचा होने का अर्थ है—अहंकार से पूरी तरह ऊपर उठ जाना। जब मनुष्य अपनी छोटी सी पहचान (नाम,

शरीर, जाति) की सीमाओं को तोड़ देता है, तब वह उस ऊँचाई पर पहुँच जाता है जहाँ से उसे पूरा ब्रह्मांड अपने भीतर ही दिखाई देने लगता है। इससे ऊँचा कुछ इसलिए नहीं है क्योंकि यहाँ पहुँचकर आप 'सब कुछ' हो जाते हैं।

२. गहरे से गहरा (परम गहराई)

गहराई का अर्थ है—अपने भीतर की वह शांति जहाँ कोई हलचल नहीं है। जैसे समुद्र की सतह पर लहरें और शोर होता है, लेकिन आप जितना नीचे (गहराई में) जाते हैं, उतनी ही शांति बढ़ती जाती है। सबसे नीचे पहुँचकर केवल सन्नाटा और ठहराव होता है। परमात्मा की यह गहराई वह स्थान है जहाँ आपके मन का आखिरी विचार भी 'मौन' हो जाता है। इससे गहरा कुछ इसलिए नहीं है क्योंकि यहाँ पहुँचकर 'खोजने वाला' स्वयं खो जाता है।

३. गहरा ठहराव

जिसे आप 'एकदम' कह रहे हैं, वह यही 'ठहराव' है।

अपेक्षा का न होना: जब आपको पता चल जाए कि आप स्वयं ही 'पूर्ण' हैं, तो आप किसी से कुछ

माँगेंगे नहीं। जब माँग खत्म हो गई, तो दुःख खत्म हो गया।

अतृप्ति का न होना: जब प्यास बुझ गई, तो भटकन खत्म हो गई।

ठहराव: यह वह स्थिति है जैसे जलती हुई मोमबत्ती की लौ, जो बिना हवा के एकदम स्थिर खड़ी हो। न हिलना, न डुलना, केवल 'होना'।

निष्कर्ष: ब्रह्मांड में इससे आगे कुछ क्यों नहीं?

क्योंकि इसके बाद 'द्वैत' (दो होना) समाप्त हो जाता है।

जब तक आप और परमात्मा 'दो' हैं, तब तक यात्रा बाकी है। लेकिन जब आप उस आनंद में डूबकर **'एक' हो गए, तो अब जाएगा कौन? और आएगा कौन?**

यही वह **'महाशून्य'** है जिसे पाना ही जीवन का अंतिम लक्ष्य है। यहाँ पहुँचकर मनुष्य भगवान को 'देखता' नहीं है, बल्कि वह खुद 'परमात्मा स्वरूप' हो जाता है। इसीलिए कहा गया है कि इससे परे कुछ भी नहीं, क्योंकि यह **'पूर्ण विराम'** है।

(महाशून्य और परमात्मा स्वरूप होने तक पहुँचने के लिए मनुष्य को अपने जीवन को तीन स्तरों पर व्यवस्थित करना पड़ता है। इसे 'मार्गदर्शन' कह सकते हैं:)

१. व्यवहारिक स्तर: 'मर्यादा' का पालन (आधार)

सीढ़ी का पहला डंडा आपका परिवार और समाज है। यहाँ पहुँचने के लिए मनुष्य को सबसे पहले:

तर्क का त्याग करना होगा: अपनों के बीच 'सही' होने की जिद छोड़नी होगी। जब आप घर में मर्यादा के लिए चुप रहना सीख जाते हैं, तो आपका अहंकार पतला होने लगता है।

कर्तव्य को पूजा मानना: जो जिम्मेदारी विधाता ने दी है (माता-पिता, संतान, साथी), उसे बोझ समझकर नहीं, बल्कि सेवा समझकर निभाना। जिसका आधार (परिवार) अशांत है, वह महाशून्य तक नहीं पहुँच सकता।

२. मानसिक स्तर: 'शून्यता' का अभ्यास (यात्रा)

जब व्यवहार सुधर जाए, तब मन पर काम करना होता है:

मर्जी को छोटा करना: हर बात 'मेरे हिसाब से ही हो', इस हठ को छोड़ना। प्रेम में खुद को थोड़ा-थोड़ा मिटाना।

साक्षी भाव : जीवन में जो घट रहा है, उसे एक तरह देखना शुरू करना। सुख आए तो बहुत उछलना नहीं, दुख आए तो बहुत टूटना नहीं। जब आप सुख-दुख के प्रति 'तटस्थ' होने लगते हैं, तो आपके भीतर शून्यता जन्म लेने लगती है।

अंदर के शोर को कम करना: दिन भर में कम से कम कुछ समय ऐसा निकालें जहाँ न कोई विचार हो, न कोई चाह। बस शांति से बैठना।

३. आध्यात्मिक स्तर: 'पूर्ण समर्पण' (पहुँचना)

यह अंतिम छलांग है:

'क्यों' को समाप्त करना: ईश्वर से यह पूछना बंद कर देना कि "मेरे साथ ही ऐसा क्यों हुआ?" जिस दिन मनुष्य विधाता के हर प्रहार को उसका 'प्रसाद' मान लेता है, उसी दिन वह परमात्मा के द्वार पर खड़ा हो जाता है।

अहंकार का अर्पण: अंत में यह मान लेना कि "मैं कुछ नहीं कर रहा हूँ, जो हो रहा है वह उसकी मर्जी है।" जब 'कर्ता' (करने वाला) मर जाता है, तो 'परमात्मा स्वरूप' होने की प्रक्रिया पूरी हो जाती है।

मनुष्य कैसे चले:

मनुष्य को ऐसे चलना चाहिए जैसे नदी सागर की ओर चलती है:

वह रास्तों के पत्थरों से लड़ती नहीं, रास्ता बदलकर निकल जाती है (मर्यादा)।

वह बस आगे बढ़ती रहती है, पीछे मुड़कर नहीं देखती (निरंतरता)।

और अंत में जब वह सागर के पास पहुँचती है, तो अपनी पहचान (नाम और किनारों) को छोड़कर उसमें समा जाती है (पूर्ण विराम)।

जब 'अहंकार मर जाता है' और 'नदी सागर में समा जाती है', तो उस शून्यता (सुन हो जाना) की प्रक्रिया क्या है।

इस 'मरने' और 'समा जाने' के बीच की जो कड़ी है, वह है— "होशपूर्ण मौन"। इसे और अधिक स्पष्टता से समझते हैं ताकि कोई भ्रम न रहे:

१. 'करने वाले' का मरना (कर्ता का अंत)

जब मैं कहता हूँ कि "करने वाला मर जाता है," तो इसका मतलब यह नहीं है कि शरीर मर गया या आपने काम करना छोड़ दिया।

यथार्थ: आप हाथ-पैर तो चला रहे हैं, लेकिन आपके भीतर यह अहंकार मर गया है कि "यह मैंने किया है।" जैसे एक कलम लिखती तो है, लेकिन उसे पता होता है कि लिखने वाला कोई और है। जिस दिन मनुष्य को यह अनुभव हो जाता है कि वह केवल एक 'निमित्त' है, उसी दिन उसकी वह बेचैनी खत्म हो जाती है जो उसे 'सफलता' या 'विफलता' में रुलाती थी। यही वह बिंदु है जहाँ से शून्यता शुरू होती है।

२. पहचान का विलय (नदी और सागर)

नदी जब सागर के पास पहुँचती है, तो वह डरती नहीं है, बल्कि वह तैयार होती है।

प्रक्रिया: नदी अपने किनारों (मर्यादाओं) को नहीं तोड़ती, बल्कि वह उन किनारों को ही छोड़ देती है।

मनुष्य के संदर्भ में इसका मतलब है—अपनी पहचान का त्याग। हम अक्सर अपने नाम, अपनी इज्जत और अपने 'होने' के शोर में इतने डूबे रहते हैं कि परमात्मा की आवाज सुन ही नहीं पाते। जब यह 'पहचान का शोर' शांत होता है, तब वह 'अखंड शांति' (शून्यता) आती है।

३. शून्यता : जहाँ सब 'सुन' है

शून्यता : क्या है

यथार्थ: शून्यता वह 'पुल' है जो आपको 'इंसान' से 'परमात्मा' तक ले जाता है।

जब अहंकार मर गया (करने वाला खत्म) और पहचान विलीन हो गई (नदी सागर में मिल गई), तब जो बीच का सन्नाटा है, वही शून्यता है।

यह वह स्थिति है जहाँ न कोई प्रश्न है, न कोई उत्तर। जहाँ आप पूरी तरह 'खाली' हो गए हैं। और नियम यह है कि जब बर्तन पूरी तरह खाली होता है, तभी परमात्मा उसमें अपना अमृत भरता है।

संक्षेप में अंतिम स्पष्टता:

प्रक्रिया यह है:

शुरुआत: काम करो, पर श्रेय मत लो (कर्ता भाव का त्याग)।

मध्य: मौन रहो, पर अंदर कुढ़न न हो (शून्यता का अभ्यास)।

अंत: मैं कुछ नहीं हूँ, जो है वही है (पूर्ण विलय)।

(आइये, इन भारी-भरकम शब्दों को किनारे रखकर एकदम सीधे और कड़वे यथार्थ पर बात

करते हैं, जिसे एक आदमी अपनी आँखों से देख सके।)

समस्या: संतुष्टि क्यों नहीं मिल रही

, उसकी वजह यह है कि इंसान को 'पाने' में सुख मिलता है, 'खोने' में नहीं। और यहाँ बात 'मिटने' और 'शून्य' होने की हो रही है। कोई भी व्यक्ति संतुष्ट तब होगा जब उसे कुछ मिले।

तो अब सवाल ये है कि इस रास्ते पर चलने से क्या मिलेगा?

१. एक 'मजबूत मन' मिलेगा (मानसिक सुकून)

संसार में लोग क्यों दुखी हैं? क्योंकि वे चाहते हैं कि उनके बच्चे उनके हिसाब से चलें, समाज उनकी इज्जत करे, और व्यापार वैसा ही चले जैसा उन्होंने सोचा है। जब ऐसा नहीं होता, तो वे टूट जाते हैं।

यथार्थ: जब हम 'मर्जी' छोड़ने की बात करते हैं, तो हम भगवान पर उपकार नहीं कर रहे होते, बल्कि खुद को 'तनाव' से बचा रहे होते हैं। संतुष्टि यहाँ इस बात की है कि: "मैंने अपना श्रेष्ठ कर्म

किया, अब परिणाम जो भी हो, वह मुझे तोड़ नहीं सकता।" यह एक बहुत बड़ी ताकत है।

२. 'स्वतंत्रता' मिलेगी (गुलामी से मुक्ति)

आज हमारी खुशी दूसरों के हाथ में है। किसी ने हमें अप शब्द कह दिया दी, हम दुखी हो गए; किसी ने तारीफ की, हम खुश हो गए। क्या यह गुलामी नहीं है?

यथार्थ: शून्यता का अभ्यास आपको 'खुद का मालिक' बनाता है। जब आप अंदर से 'सुन' (निशब्द) होते हैं, तो बाहर की दुनिया का शोर आपको हिला नहीं पाता। संतुष्टि यहाँ यह है कि: "अब मुझे खुश करने या दुखी करने की चाबी किसी और के पास नहीं है।"

३. 'अनंत' से जुड़ाव (अकेलेपन का अंत)

इंसान हमेशा डरा रहता है कि वह अकेला है, उसे सब संभालना है।

यथार्थ: जब हम कहते हैं कि "मैं कुछ नहीं, सब तू है," तो यह हार मानना नहीं है। यह एक 'साझेदारी' है। जैसे एक छोटा बच्चा अपने पिता का हाथ पकड़कर मेले में निडर होकर घूमता है

क्योंकि उसे पता है कि पिता साथ है। वह बच्चा 'शून्य' है, वह कुछ नहीं कर रहा, पर वह सबसे ज्यादा सुरक्षित और संतुष्ट है।

निष्कर्ष (जो समझ आए):

संतुष्टि 'त्याग' से नहीं लेते, बल्कि 'बदलाव' से लेते हैं।

उन्हें यह समझाना होगा कि अगर वे 'अहंकार' पकड़कर बैठेंगे, तो उन्हें चिंता, जलन और डर मिलेगा।

और अगर वे 'समर्पण' का रास्ता चुनेंगे, तो उन्हें निडरता, शांति और आनंद मिलेगा।

आइए, इसे ग्रंथ की मर्यादा के अनुसार पूर्णता करते हैं:

॥ संतुष्टि का यथार्थ : आत्म-बोध का मार्ग ॥

मनुष्य के मन में यह शंका उठना स्वाभाविक है कि यदि वह 'कर्ता' (करने वाला) भाव त्याग दे, तो उसे संतोष कैसे मिलेगा? इसका उत्तर इन तीन सूत्रों में निहित है:

१. कर्म की शुद्धि और निर्भयता (अभय)

ग्रंथ के अनुसार, जब मनुष्य स्वयं को 'कर्ता' न मानकर केवल एक 'निमित्त' (माध्यम) मानता है, तो वह कर्म के फल की चिंता से मुक्त हो जाता है। संसार में अशांति का सबसे बड़ा कारण 'परिणाम का भय' है। जब आप यह मान लेते हैं कि "शक्ति परमात्मा की है और हाथ केवल मेरा है," तब आपके भीतर एक असीम साहस जन्म लेता है। यही 'अभय' (निडरता) ही वह पहली संतुष्टि है, जो किसी भी सांसारिक जीत से बड़ी है।

२. अहंकार का मौन और आंतरिक स्वतंत्रता

साधारण मनुष्य की संतुष्टि दूसरों की प्रशंसा पर टिकी होती है, जो अत्यंत अस्थाई है। लेकिन जब मनुष्य अपने 'अहंकार' को शांत कर 'शून्यता' का

अभ्यास करता है, तो वह अपनी प्रशंसा और निंदा दोनों से ऊपर उठ जाता है। वह स्वयं का स्वामी बन जाता है। उसे अब किसी और से सम्मान की भूख नहीं रहती। अपनी चेतना के भीतर स्वयं को पा लेना ही वह 'पूर्ण संतोष' है, जिसे संसार का कोई भी अभाव छीन नहीं सकता।

३. ब्रह्म-सायुज्य : असीम का अनुभव

नदी जब तक अपने किनारों को पकड़कर रहती है, वह संकुचित रहती है। जैसे ही वह उन किनारों (पहचान) को छोड़कर सागर में विलीन होती है, वह स्वयं 'विराट' हो जाती है। मनुष्य को संतुष्टि यहाँ इस बोध से मिलती है कि— "मैं यह छोटा सा शरीर या नाम नहीं हूँ, बल्कि मैं उस अनंत परमात्मा का ही अंश हूँ।" अपनी सीमाओं को तोड़कर उस अखंड आनंद में मिल जाना ही वह अंतिम संतुष्टि है, जिसके आगे ब्रह्मांड की कोई भी वस्तु तुच्छ लगने लगती है।

निष्कर्ष : पूर्णता की प्राप्ति

लोगों को यह समझाना होगा कि यह मार्ग 'मिटने' का नहीं बल्कि 'फैलने' का है।

जब तक आप 'मैं' हैं, आप केवल एक व्यक्ति हैं।

जिस दिन आप 'शून्य' हुए, आप 'ब्रह्मांड स्वरूप' हो गए।

यही वह परम संतुष्टि है जो मनुष्य को अशांति के महासागर से निकालकर आनंद के तट पर खड़ा कर देती है। जहाँ न कुछ पाना शेष है, न कुछ खोना—वही 'पूर्ण विराम' है।

॥ त्रिविध मौन: यथार्थ का अनुभव ॥

१. परिवार: 'मर्यादा' का मौन

यथार्थ: अपने ही रक्त-संबंधों के सम्मुख सब कुछ जानते हुए भी 'तर्क' का त्याग कर देना ही परिवार का यथार्थ है। जब आप देखते हैं कि आपके अपने (माता-पिता या बड़े) किसी भ्रम में हैं, तब आप उनके सामने 'कटाक्ष' या 'विवाद' इसलिए नहीं करते क्योंकि वहाँ 'बुद्धि' से बड़ा 'संबंध' और 'मर्यादा' होती है। यहाँ मौन का अर्थ अपनी शक्ति का संयम करना है ताकि घर की गरिमा बनी रहे। यह मौन आपकी दुर्बलता नहीं, बल्कि आपके उत्तरदायित्व का वह यथार्थ है जिसे आपको ढोना ही पड़ता है।

२. प्रेम: 'विसर्जन' का मौन

यथार्थ: सामने वाले की पीड़ा या उपेक्षा को भी बिना किसी 'शिकायत' के स्वीकार कर लेना ही प्रेम का यथार्थ है। प्रेम वह अग्नि है जहाँ मनुष्य की

अपनी 'मर्जी' समाप्त हो जाती है। यहाँ 'कटाक्ष' या 'दोषारोपण' इसलिए संभव नहीं है क्योंकि जिसे आप प्रेम करते हैं, उसे आप अपना ही हिस्सा मानते हैं। यदि प्रेम में पीड़ा भी मिले, तो आप

प्रतिशोध के शब्द नहीं निकालते बल्कि उस पीड़ा को स्वयं में विलीन कर लेते हैं। यहाँ मौन का अर्थ वह शून्यता है, जहाँ आप अंदर से पूरी तरह 'सुन' (निशब्द) हो जाते हैं।

३. परमात्मा: 'समर्पण' का मौन

यथार्थ: अस्तित्व के हर निर्णय (सुख या दुख) को बिना किसी 'क्यों' के स्वीकार कर लेना ही परमात्मा का यथार्थ है। यहाँ कष्ट हो या आनंद,

कोई 'वाद-विवाद' शेष नहीं रहता। आप परमात्मा को दोष इसलिए नहीं दे सकते क्योंकि अब आप अलग हैं ही नहीं, आप उसमें 'लीन' हो चुके हैं।

जैसे नदी सागर में गिरकर अपना शोर खो देती है, वैसे ही आत्मा परमात्मा में पहुँचकर अपने सारे

प्रश्न खो देती है। यहाँ मौन का अर्थ कोई मजबूरी नहीं, बल्कि परम सत्य में समा जाना है।

॥ आत्म-समर्पण: जहाँ मनुष्य स्वयं को अर्पित कर देता है ॥

१. परिवार: 'मर्यादा' का मौन

यथार्थ: यहाँ मनुष्य अपनी व्यक्तिगत इच्छाओं की बलि चढ़ाकर स्वयं को 'परिवार' रूपी इकाई में समर्पित कर देता है। वह जानता है कि वह सही है, पर अपनों की खुशी के लिए अपनी बात, अपना तर्क और अपना क्रोध—सब कुछ त्याग देता है। यहाँ वह अपने अस्तित्व को इसलिए गौण करता है ताकि घर की नींव सलामत रहे। यह मौन हार नहीं, बल्कि त्याग और समर्पण का यथार्थ है।

२. प्रेम: 'समर्पण' का मौन

यथार्थ: प्रेम वह केंद्र है जहाँ मनुष्य सबसे पहले अपनी 'मर्जी' को समाप्त करता है। यहाँ वह दूसरे के अस्तित्व में इतना खो जाता है कि उसे अपनी पीड़ा, अपना अपमान या अपना सुख दिखाई देना बंद हो जाता है। वह 'कटाक्ष' नहीं कर पाता, क्योंकि उसने स्वयं को सामने वाले को 'सौंप' दिया

है। यहाँ अपने स्वयं को पूरी तरह समर्पित कर देना ही प्रेम का सर्वोच्च यथार्थ है।

३. परमात्मा: 'समर्पण' का मौन

यथार्थ: यहाँ मनुष्य अपने अहंकार को ही परमात्मा के चरणों में समर्पित कर देता है। वह विधाता के हर प्रहार को प्रसाद मानकर स्वीकार कर लेता है। यहाँ कोई शिकायत नहीं, कोई दोष नहीं। जैसे बूंद सागर में गिरकर अपना अलग अस्तित्व त्याग देती है और स्वयं सागर हो जाती है, वैसे ही आत्मा परमात्मा में लीन होकर स्वयं को समर्पित कर देती है। यह परम सत्य का यथार्थ है।

जीवन-वृत्त की त्रिवेणी

(माता-पिता, परिवार और परमात्मा: एक रचयिता का यथार्थ)

संसार जिसे 'सम्बन्ध' कहता है, यथार्थ में वह मेरी साधना के वे सोपान हैं जिन्होंने मुझे शून्य से शिखर तक पहुँचाया है। मेरी जिज्ञासा कभी जंगलों में नहीं भटकी, क्योंकि मेरे इर्द-गिर्द साक्षात ईश्वर के तीन रूप सदैव विद्यमान रहे—मेरे माता-पिता,

मेरा परिवार और मेरी लेखनी।

१. माता-पिता : जड़ों का मौन यथार्थ

मेरी जिज्ञासा का आरम्भ मेरे माता-पिता के चरणों से हुआ। वे मेरे लिए केवल जन्मदाता नहीं, बल्कि 'यथार्थ' के वे जीवंत देवता हैं जिनके अनुशासन में रहकर मैंने अपनी मर्ज़ी को मारना और मर्यादा को पालना सीखा। लोग 'स्वयं संहिता' पढ़कर पूछते हैं कि मैंने इतना 'धैर्य' कहाँ से पाया? यथार्थ यह है कि जब मैंने अपने माता-पिता के मान के लिए अपने हज़ारों तर्कों की बलि दी, तब वह धैर्य जन्मा। बड़ों के सम्मुख 'मौन' रह जाना ही मेरी

सबसे बड़ी तपस्या रही है। वे मेरी वह जड़ें हैं, जिनके बिना मेरी लेखनी का कोई अस्तित्व नहीं।

२. धर्मपत्नी और बिटिया : त्याग और वात्सल्य का अर्घ्य

मेरे जीवन के इस वृत्त में मेरी धर्मपत्नी वह 'शक्ति' और 'धैर्य' बनकर रहीं, जिसने एक रचयिता के विक्षोभ को संभाला। प्रेम का असली यथार्थ मैंने तब जाना, जब मैंने देखा कि कैसे एक स्त्री अपनी पूरी सत्ता को परिवार की मर्यादा में विसर्जित कर देती है। उनके साथ का हर क्षण 'सचेतन समर्पण' का पाठ रहा है।

और फिर मेरी बिटिया (लाडो)... जो मेरे वात्सल्य का वह 'महाशून्य' है जहाँ पहुँचकर मेरी सारी विद्वत्ता, सारा ज्ञान और सारी 'रचयिता' होने की अकड़ मिट्टी में मिल जाती है। उसके सामने मैं केवल एक 'पिता' हूँ—एक ऐसा पिता जो अपनी संतान की मुस्कान के लिए खुद को तिल-तिल कर होम (विसर्जित) करने में ही मोक्ष का अनुभव

करता है। बिटिया के प्रति मेरा विसर्जन ही वह 'पूर्ण विराम' है, जहाँ मेरी सारी तृष्णा समाप्त हो जाती है।

३. परिवार और परमात्मा : यथार्थ की पूर्णता

मेरा परिवार वह यज्ञशाला है जहाँ मैं प्रतिपल अपने 'मैं' की आहुति देता हूँ। लोग पूछते हैं कि परमात्मा कहाँ है? मैं कहता हूँ—वह मेरे माता-पिता के आशीष में है, वह मेरी धर्मपत्नी के त्याग में है, और मेरी बिटिया की निश्छल हंसी में है। मेरा परिवार ही मेरा 'परमात्मा' है। यदि मैंने अपनों को प्रसन्न नहीं रखा, तो मंदिर के पत्थरों में उसे खोजना व्यर्थ है।

निष्कर्ष : रचयिता का विसर्जन

आज 'स्वयं संहिता' और 'यथार्थ संहिता' के पूर्ण होने पर मैं यह स्वीकार करता हूँ कि मेरी लेखनी

का हर शब्द मेरे परिवार के साझा मौन की गूँज है। मैंने किसी को पा लेना सुख नहीं माना, बल्कि अपनों के लिए खुद को मिटा देना ही परम सुख माना है।

"मेरा कुरुक्षेत्र मेरा घर है, और मेरी मुक्ति मेरा परिवार है।"

।। अंतिम पृष्ठ ।।

॥ फल-श्रुति ॥

(ग्रंथ पठन का महात्म्य)

"जो साधक सच्चे हृदय से 'यथार्थ संहितार्थ' का पठन और मनन करेगा, वह इसी देह में रहते हुए भ्रम से यथार्थ की यात्रा पूर्ण कर लेगा..."

संसार की कीचड़ उसे मैला नहीं कर पाएगी,

और मृत्यु उसे भयभीत नहीं कर पाएगी।

जैसे कमल जल में रहकर भी जल से अछूता रहता है,

वैसे ही वह इस घोर कलयुग में रहते हुए भी 'आत्म-स्थित' रहेगा।

वह जहाँ भी जाएगा, एक जलते हुए मशाल की तरह अज्ञान के अंधेरे को काटता रहेगा।

यही इस युग-परिवर्तक महाग्रंथ का अंतिम वचन है।"

।। ॐ तत्सत् ।।

॥ एक सहज विदा : यथार्थ की ओर ॥

मेरे प्रिय राही, इस यात्रा के अंत में अब हम उस मोड़ पर खड़े हैं जहाँ शब्द अपनी मर्यादा पूरी कर चुके हैं। सत्य किसी ग्रंथ की पंक्तियों में नहीं, बल्कि उन पंक्तियों के बीच छिपे उस 'मौन' में बसता है, जिसे आपने अभी-अभी महसूस किया होगा।

हो सकता है—

इस यात्रा के दौरान आपको अपने भीतर छिपी किसी **जिज्ञासा का उत्तर** मिल गया हो;

हो सकता है कि आपके अशांत मन को **सत्य की एक शीतल फुहार** ने छुआ हो;

और यह भी संभव है कि आपके हृदय के किसी कोने में **एक नई संतुष्टि का दीप** प्रज्वलित हुआ हो।

किंतु याद रखना, यह सब 'मिला' नहीं है—यह तो आपके भीतर **सदा से ही था**, बस इन सूत्रों ने उसे आपके सम्मुख प्रकट कर दिया है। 'यथार्थ' तो वह सहज अनुभूति है जो बिना किसी प्रयास के, बिना

किसी थोपे हुए ज्ञान के, आपके भीतर एक **मुस्कुराहट** बनकर खिल जाए।

अब बस एक क्षण ठहरकर देखना—

यदि इस पुस्तक को बंद करते समय, आपको अपने घर की दीवारें मंदिर की भाँति पवित्र लगने लगी हैं;

यदि अपने **माता-पिता, जीवनसाथी और संतानों** के चेहरे में आपको उस विधाता का अंश दिखने लगा है;

और यदि आपके भीतर का 'स्वार्थ' स्वतः ही **'समर्पण'** की गंगा में विसर्जित हो गया है...

...तो जान लेना कि यात्रा सफल हुई!

अब कोई नियम नहीं, कोई बंधन नहीं। अब तो बस उस प्रेम को जीना है जो 'मर्यादा' में बंधा है और उस आनंद को पाना है जो 'मौन' में छिपा है। परमात्मा कहीं दूर नहीं, वह आपकी अपनी ही **'सहजता'** में विराजमान है।

पन्ना पलटिए नहीं... अब तो बस **'हो'** जाइये।

॥ पूर्ण विराम ॥

(स्वयं से शून्य तक, शून्य से संसार तक)

॥ कृतज्ञता ज्ञापन ॥

परमपिता परमेश्वर, श्री कृष्ण नारायण एवं श्री बाबा भयहरणनाथ जी की असीम अनुकंपा से यह आध्यात्मिक महाग्रंथ **'यथार्थ संहितार्थ'** अपनी पूर्णता को प्राप्त कर पाठकों के सम्मुख प्रस्तुत है। किसी भी महान कार्य की सिद्धि हेतु दैवीय प्रेरणा के साथ-साथ आत्मीय जनों का संबल भी अनिवार्य होता है।

मैं श्रद्धापूर्वक उन सभी चेतन और अचेतन शक्तियों के प्रति नतमस्तक हूँ, जिन्होंने इस ज्ञान-यज्ञ में अपनी आहुति प्रदान की है। सर्वप्रथम, मैं अपने पूज्य माता-पिता एवं पूर्वजों के चरणों में कोटि-कोटि वंदन करता हूँ, जिनके पुण्यों और आशीर्वाद के फलस्वरूप ही यह वैचारिक शक्ति मुझे प्राप्त हुई है।

विशेष रूप से, मैं **श्री मनोज मौर्य,**

श्री पवन मौर्य, कुमारी अनु मौर्य, श्रीमती रोली मौर्य

का हृदय से धन्यवाद प्रकट करता हूँ।

आप सभी ने इस ग्रंथ के **संपादन (लेखन-शुद्धि)** के दुरूह कार्य में जिस धैर्य और तन्मयता से अपना अमूल्य सहयोग दिया है,

वह प्रशंसनीय है। आपकी सूक्ष्म दृष्टि ने इस कृति को भाषाई मर्यादा और शुद्धता प्रदान करने में महती भूमिका निभाई है।

आप सभी के इस निस्वार्थ सहयोग के लिए मैं हृदय से अपना आभार व्यक्त करता हूँ।

इस डिजिटल युग में, मैं अपनी आधिकारिक वेबसाइट

श्री साइबरनॉट (ShriCybernaut) के तकनीकी सहयोग का विशेष उल्लेख करना चाहता हूँ। इसी डिजिटल पटल के माध्यम से इस ग्रंथ को सुव्यवस्थित करना और इसे आधुनिक स्वरूप देना संभव हो पाया है। भविष्य में भी मेरी समस्त साहित्यिक कृतियाँ और विचार इसी वेबसाइट पर पाठकों के लिए सुरक्षित रूप से उपलब्ध रहेंगे। जिज्ञासु पाठक मेरी अन्य रचनाओं हेतु इस माध्यम का लाभ प्राप्त कर सकते हैं।

अंत में, मैं उन सभी पाठकों एवं शुभचिंतकों का साधुवाद करता हूँ, जो इस अंतर्यात्रा में

प्रत्यक्ष अथवा अप्रत्यक्ष रूप से मेरे साथ रहे। यह कृति मात्र मेरी लेखनी का फल नहीं, अपितु आप सभी के विश्वास और सहयोग का साकार स्वरूप है।

विनीत रचयिता,

संजय मौर्य

प्रतापगढ़, उत्तर प्रदेश

॥ परिचय ॥

संजय मौर्य

उत्तर प्रदेश की पावन धरा, प्रतापगढ़ के पौराणिक ***'श्री बाबा भयहरणनाथ धाम'*** के समीप स्थित ग्राम ***'लेहरा*** में जन्मे संजय मौर्य एक युवा विचारक, अन्वेषक और साधक हैं। जहाँ आज की युवा पीढ़ी केवल भौतिक सुखों की दौड़ में व्यस्त है, वहीं संजय का मन जीवन के अनसुलझे रहस्यों और उस सत्य को खोजने में रमता है जिसे हम रोज जीते हैं।

उनका मानना है कि सच्चा ज्ञान वह नहीं जो केवल किताबों से पढ़ा जाए, बल्कि वह है जो हमने स्वयं देखा है और जो हम आज भी अपने आसपास घटते देख रहे हैं। 'स्वयं संहिता' और ' यथार्थ संहितार्थ

' उनकी कोई कोरी कल्पना मात्र नहीं, बल्कि उनके गहन चिंतन और स्व-अनुभव की अग्नि में तपे हुए सत्य का निचोड़ हैं। इन ग्रंथों के माध्यम से

उन्होंने उस यथार्थ को आज की सरल और 'नग्न' भाषा में प्रस्तुत किया है जिसे उन्होंने स्वयं अनुभव किया है और जिसे वे समाज के भीतर साक्षात देख रहे हैं, ताकि भ्रमित मानवता सत्य के आलोक में अपनी आत्मिक शांति को पुनः पा सके।

एक ही संदेश है— "युद्ध बाहर नहीं, भीतर है। यथार्थ को पहचानो, स्वयं को पा लो और मुक्त हो जाओ।"

www.ingramcontent.com/pod-product-compliance
Lightning Source LLC
LaVergne TN
LVHW100246210926
848480LV00003B/843
* 9 7 9 8 9 0 3 9 2 3 9 9 1 *